Table des Matières

Introduction : En quoi consiste le lâcher-prise ?

2. Exercices pour lâcher-prise dans les relations

21. Écoute active
22. Accepter les différences
23. Apprendre à dire non
24. Observer les émotions des autres
25. Relâcher le besoin d'avoir raison
26. Pratiquer l'empathie
27. Lettre de pardon
28. Lâcher prise sur le contrôle des autres
29. Prendre de la distance
30. Exercice de non-réactivité

3. Exercices pour lâcher-prise dans le travail

31. Pause méditative au travail
32. Prioriser les tâches
33. Définir des limites claires
34. Éviter le multitâche
35. Lâcher prise sur la perfection
36. Prendre une pause loin de l'écran
37. Déléguer des tâches
38. Journal de gratitude au travail
39. Lâcher prise sur les résultats
40. Revenir à la simplicité

4. Exercices de visualisation pour lâcher-prise

41. Visualisation du ballon
42. Visualisation d'un fleuve
43. Visualisation d'un cerf-volant

En quoi consiste le lâcher-prise ?

Lâcher prise, c'est accepter de se laisser porter par la vie, comme si l'on plongeait dans un vide apparent, mais en sachant, au fond de soi, qu'il existe une force invisible prête à nous soutenir. Cette image du saut en parachute illustre bien le sentiment d'abandon volontaire, mais aussi de confiance. Le parachute, c'est notre foi en la vie, en notre capacité à nous adapter et à rebondir face aux défis. Ce n'est pas un renoncement au contrôle, mais une réorientation de notre énergie : au lieu de chercher à tout anticiper ou à manipuler chaque détail, on décide de mettre notre énergie dans l'acceptation de ce qui est.

Dans un monde où la recherche de sécurité et de contrôle est omniprésente, lâcher prise peut sembler contre-intuitif, voire effrayant. Nous sommes conditionnés à vouloir maîtriser notre environnement, à anticiper chaque risque, chaque obstacle, comme si chaque instant d'incertitude représentait une menace. Pourtant, cette quête perpétuelle de contrôle génère souvent de la frustration, de l'anxiété et une forme d'épuisement émotionnel. Le lâcher-prise invite à renverser cette logique en abandonnant la peur de l'inconnu, pour entrer dans une relation plus douce et fluide avec la vie.

Quand on lâche prise, on développe une ouverture à l'inattendu, une flexibilité qui nous permet de vivre dans l'instant présent. Cela ne signifie pas devenir passif, mais plutôt reconnaître qu'une partie de la vie échappe à notre emprise, et que cela peut être une source de richesse et d'épanouissement. Nous pouvons alors retrouver une paix intérieure en acceptant que certaines choses ne soient pas toujours sous notre contrôle. C'est comme si nous nous autorisions à poser un lourd fardeau : celui de croire que tout dépend de nous, que chaque détail doit être planifié, orchestré, contrôlé pour que notre vie ait du sens.

Ce lâcher-prise nous ramène à un sentiment d'humilité face à l'immensité de la vie, un sentiment que tout ne peut pas toujours être rationalisé ou maîtrisé. Cela implique une forme de confiance, une foi que, même en l'absence de filet de sécurité visible, nous serons soutenus par quelque chose de plus grand que nous. On pourrait dire que c'est un acte d'abandon positif, où nous décidons d'écouter davantage notre intuition et d'accueillir les expériences qui se présentent, sans nous attacher excessivement aux résultats.

En définitive, ce saut dans le vide nous apprend à devenir plus attentifs à notre propre essence et à reconnaître que l'authenticité et la paix résident souvent dans l'acceptation, plus que dans la lutte. Lâcher prise devient alors un acte de libération, un choix conscient de se recentrer sur l'essentiel, de vivre avec confiance et avec une plus grande fluidité.

Imaginez-vous en équilibre sur une corde, comme un funambule, avançant lentement et prudemment. Sur vos épaules repose un sac à dos bien trop lourd, rempli de souvenirs du passé, d'expériences douloureuses, de regrets et de peurs profondément ancrées. Ce sac contient aussi des projections vers l'avenir, nos attentes, nos angoisses, et nos doutes face à ce que demain pourrait nous apporter. Chaque pas devient difficile, chaque mouvement semble risqué, car ce poids invisible, mais bien réel, nous tire en arrière, nous empêche de nous sentir stables et confiants dans notre marche.

Ces bagages mentaux et émotionnels que nous transportons avec nous au quotidien sont souvent le résultat d'une accumulation inconsciente. Nos expériences passées laissent des traces, des empreintes qui s'ancrent dans notre mémoire et influencent notre manière de voir le monde. Lorsqu'un échec ou une déception nous marque profondément, nous développons souvent une forme de méfiance, un besoin de protection face à ce que l'avenir pourrait nous réserver. De même, les blessures du passé peuvent nous pousser à rester sur la défensive, à anticiper les souffrances potentielles, et ainsi à adopter une attitude de repli, plutôt que de rester ouvert à de nouvelles expériences.

Lâcher prise, dans ce contexte, signifie se libérer de ce sac à dos émotionnel en prenant conscience que ces souvenirs et ces inquiétudes ne définissent pas notre présent. Cela ne veut pas dire effacer notre passé ou ignorer nos responsabilités pour l'avenir, mais bien de ne plus laisser ces pensées encombrantes guider chaque pas. C'est s'accorder la liberté de poser ce sac, de faire confiance à nos capacités d'adaptation et de résilience, et d'avancer avec un esprit plus léger, débarrassé des chaînes invisibles de nos peurs.

Cela implique de reconnaître que certaines erreurs du passé n'ont plus d'emprise sur nous si nous choisissons de leur donner un autre sens. Au lieu de les voir comme des échecs, nous pouvons les considérer comme des enseignements qui nous ont rendus plus forts, plus sages. Quant aux inquiétudes pour l'avenir, elles sont souvent une projection de notre peur de l'inconnu. En lâchant prise sur ces anticipations, nous permettons à la vie de suivre son cours naturel et à chaque moment de se déployer sans la lourdeur de nos attentes.

Lâcher prise sur le passé et le futur nous ouvre à un état d'esprit plus ancré dans le moment présent, où nous sommes en mesure d'apprécier la simplicité et la richesse de ce qui se passe ici et maintenant. Cette posture de lâcher prise nous permet de vivre avec plus de légèreté, de nous défaire de la pression constante de vouloir tout contrôler. Cela nous invite à adopter une attitude de confiance, où nous nous disons : « J'ai fait de mon mieux jusqu'à présent et je ferai de mon mieux dans chaque instant qui viendra. » En d'autres termes, nous acceptons de nous engager pleinement dans la vie, sans être constamment retenus par nos doutes et nos regrets.

Cet abandon des charges mentales devient alors un acte de bienveillance envers soi-même. C'est un moyen de retrouver une harmonie intérieure, de ne plus être divisé entre le passé et le futur, mais de pouvoir avancer sereinement dans le présent, avec une perception plus apaisée de la vie. On découvre que la paix intérieure n'est pas un idéal inaccessible, mais un état que l'on peut atteindre lorsque l'on se donne la permission de poser nos fardeaux et de nous ouvrir à chaque instant avec curiosité et confiance. Accepter l'incertitude et se laisser porter par la vie

Lâcher prise, c'est aussi embrasser l'incertitude, un défi de taille dans un monde qui valorise la maîtrise et la prévoyance. Nous sommes nombreux à nous accrocher à l'idée de pouvoir contrôler notre vie, chaque situation, chaque interaction, comme s'il suffisait de tout anticiper pour éviter les mauvaises surprises. Pourtant, cette quête de contrôle absolu peut rapidement se transformer en une source de frustration et de stress. La vie, par nature, est pleine d'imprévus, de tournants inattendus, et d'événements que nous ne pouvons ni prédire ni diriger.

Pour illustrer cette idée, imaginons-nous comme un navigateur en pleine mer. Lorsque le vent change brusquement de direction ou que des vagues imprévisibles surgissent, s'obstiner à garder le cap initial peut s'avérer futile et dangereux. Parfois, il est plus sage de se laisser porter par les courants, d'adapter notre cap en fonction des éléments. Lâcher prise, c'est choisir de naviguer avec souplesse, de coopérer avec les forces naturelles de la vie au lieu de constamment leur résister. Cela demande du courage, car cela signifie renoncer à l'illusion de contrôle et accepter que nous ne puissions pas tout prédire ni façonner chaque instant selon notre volonté.

Accepter l'incertitude, c'est faire la paix avec l'idée que l'inconnu peut apporter des richesses insoupçonnées, des rencontres inoubliables, et des expériences qui dépassent ce que l'on aurait pu imaginer ou planifier. Au lieu de voir l'imprévu comme une menace, nous apprenons à l'accueillir comme une opportunité de grandir, de nous adapter, et d'enrichir notre parcours de vie. Dans cet abandon volontaire du besoin de tout maîtriser, nous découvrons une nouvelle liberté : celle de vivre chaque instant tel qu'il est, sans l'alourdir de nos attentes ni de nos peurs.

Cette ouverture à l'inconnu n'est pas une forme de passivité. Au contraire, elle requiert une confiance active, une foi dans notre capacité à faire face à ce qui vient, même si cela ne correspond pas à nos plans initiaux. C'est une manière d'embrasser la vie dans toute sa complexité, avec la conviction que, quoi qu'il arrive, nous aurons en nous les ressources pour avancer. Lâcher prise devient alors une posture de confiance : au lieu de s'inquiéter pour l'avenir ou de redouter les imprévus, nous acceptons de nous laisser guider par le flux de la vie, en cultivant une présence attentive et ouverte.

En cultivant cette capacité à se laisser porter par la vie, on développe une nouvelle forme de résilience. On devient comme le roseau qui plie sous le vent sans se briser, qui accepte le changement de direction avec souplesse. Cette résilience nous permet de faire face aux aléas de l'existence avec plus de sérénité, de prendre du recul face aux défis et de relativiser nos soucis. On apprend à faire confiance au processus de la vie, à lâcher prise sur notre besoin de contrôler chaque résultat, et à apprécier chaque moment comme une opportunité d'évoluer.

Finalement, en acceptant l'incertitude, nous nous offrons le cadeau de vivre pleinement dans l'instant présent. Nous cessons de vivre dans la peur de ce qui pourrait arriver et découvrons la joie de savourer ce qui est déjà là, sans anticipation excessive ni inquiétude constante. Nous devenons plus disponibles pour la vie elle-même, plus réceptifs aux surprises et aux petites joies qui se présentent à nous. Lâcher prise sur le contrôle, c'est en somme permettre à la vie de nous surprendre, de nous toucher, et de nous révéler des aspects de nous-mêmes que nous n'aurions jamais pu découvrir autrement. C'est une invitation à l'aventure humaine, à accepter que chaque jour recèle une part de mystère, et que ce mystère fait partie intégrante de la beauté de la vie.

Lâcher prise, c'est aussi redécouvrir la beauté et la richesse du quotidien, cette simplicité qui se cache souvent sous la surface de nos routines. Trop souvent, nous passons nos journées en mode "automatique", absorbés par nos préoccupations, nos tâches et nos objectifs. Nous sommes tellement focalisés sur ce qu'il faut accomplir ou ce qui nous manque, que nous oublions de prêter attention aux petites merveilles qui se trouvent juste sous nos yeux. Lâcher prise, c'est s'offrir la liberté de ralentir, de lever le nez de nos écrans, de nos pensées, et d'entrer pleinement dans la présence.

Quand nous nous détachons de l'idée que notre bonheur dépend de grandes réalisations ou de succès futurs, nous ouvrons notre esprit et notre cœur aux plaisirs simples, immédiats et accessibles. Il peut s'agir de la chaleur du soleil sur notre visage, de la sensation d'une tasse de café entre nos mains, du chant des oiseaux, ou d'un sourire échangé avec un inconnu. Ces moments, bien que souvent éphémères, contiennent une profondeur, une richesse qui nourrissent notre bien-être. Lorsque nous laissons tomber nos attentes et nos exigences, nous devenons plus réceptifs à ces instants de grâce, à ces petites choses qui embellissent notre vie sans que nous ayons besoin de les contrôler.

En lâchant prise, nous nous ouvrons également à une forme de spontanéité que nous perdons parfois à force de tout planifier. Nous redevenons un peu comme des enfants, capables de nous émerveiller devant ce qui nous entoure, d'accueillir chaque instant comme une aventure. Par exemple, plutôt que de se sentir frustré face à un changement de dernière minute, nous pourrions choisir de le vivre comme une opportunité de découvrir quelque chose de nouveau. En ne nous attachant plus aux résultats précis, nous laissons la place à l'imprévu, à la créativité et même à l'humour.

Lâcher prise, c'est aussi se libérer du poids des jugements, tant envers les autres qu'envers nous-mêmes. Combien de fois nous retrouvons-nous à analyser et critiquer nos propres actions, nos propres pensées ? Ce perfectionnisme nous pousse souvent à être durs envers nous-mêmes, à nous accabler de reproches et de critiques. En cultivant le lâcher-prise, nous apprenons à accueillir nos imperfections, nos erreurs, et à les voir avec bienveillance. Cela ne signifie pas renoncer à l'amélioration de soi, mais plutôt accepter que nous sommes humains, et que nos failles font partie de notre beauté.

Ce détachement bienveillant nous permet d'aborder la vie avec plus de légèreté et de simplicité. On peut se surprendre à rire de nos maladresses, à prendre du recul face à nos petits échecs, et à ne plus nous prendre trop au sérieux. Cette attitude crée un espace pour la joie, pour le rire, pour la gratitude. Nous commençons à apprécier la vie telle qu'elle est, sans constamment chercher à la transformer. Nous comprenons que chaque moment est précieux, et que même les situations ordinaires peuvent devenir des sources de bonheur lorsque nous y prêtons attention.

Finalement, lâcher prise nous offre la possibilité de renouer avec une forme d'authenticité, un retour à l'essentiel. En laissant de côté la pression d'atteindre un bonheur idéal ou une image parfaite, nous nous rapprochons de ce qui est véritablement important pour nous. Nous apprenons à être présents pour nous-mêmes et pour les autres, à partager des instants sincères et à savourer la richesse de la vie telle qu'elle est, avec ses imperfections, ses aléas, mais aussi sa beauté simple et accessible. C'est là tout l'art du lâcher-prise : être pleinement vivant, connecté au présent, et prêt à accueillir la vie dans sa spontanéité et sa profondeur, sans attendre que tout soit parfait.

En fin de compte, le lâcher-prise, c'est un peu comme devenir l'artiste de sa propre vie, en s'autorisant à peindre en dehors des lignes. Enfants, nous avons tous cette liberté naturelle de dessiner, de peindre, de créer sans nous soucier des limites imposées. Mais en grandissant, les attentes de la société, les règles, les normes, et le regard des autres nous poussent à entrer dans des cadres précis, à suivre des plans rigides. Lâcher prise, c'est retrouver cette liberté créative, cet espace où l'on s'autorise à sortir des lignes, à faire des choix audacieux et à explorer des chemins inattendus.

Il s'agit de vivre avec plus de flexibilité, d'abandonner l'idée que tout doit être calculé et parfait. Lorsque nous lâchons prise, nous apprenons à accepter les imperfections, les bifurcations imprévues et les erreurs comme des éléments naturels de notre parcours. Cette approche nous libère du besoin de tout prévoir, de tout organiser dans les moindres détails, et nous permet d'accueillir la vie telle qu'elle est, avec ses surprises et ses détours. Cela peut être intimidant, car cela signifie renoncer à une certaine forme de contrôle, mais cela ouvre aussi la porte à une immense liberté : celle de créer une vie qui nous ressemble vraiment, une vie où chaque choix est inspiré par notre essence profonde plutôt que par la peur ou les attentes extérieures.

En lâchant prise, on se donne la permission de rêver autrement, de poursuivre nos propres aspirations sans être constamment limité par des peurs ou des croyances restrictives. C'est comme peindre un tableau sans être obsédé par le résultat final, mais en savourant chaque coup de pinceau, chaque mélange de couleur, chaque détail qui prend vie sur la toile. Parfois, les traits peuvent sembler désordonnés, les couleurs peuvent se mélanger de façon inattendue, mais cela fait partie du processus créatif, de cette beauté imprévisible qui donne tout son sens à l'œuvre. Lâcher prise, c'est accepter que la vie elle-même soit une création en constante évolution, et qu'elle ne peut être entièrement prédéfinie.

Ce choix de lâcher prise et de peindre en dehors des lignes nous permet aussi de vivre plus pleinement nos émotions et de nous connecter à notre être authentique. Nous ne cherchons plus à correspondre à une image idéale ou à satisfaire des attentes extérieures, mais plutôt à exprimer notre véritable nature. Cela peut signifier explorer des passions nouvelles, changer de direction, ou simplement adopter un mode de vie qui nous apporte plus de bonheur et de paix. C'est comme si l'on s'offrait la liberté de réinventer sa vie, de suivre ses intuitions, et de se reconnecter à ce qui fait vraiment sens pour soi.

Cette attitude de lâcher prise face à notre propre parcours nous aide également à accueillir les autres avec plus de tolérance et de bienveillance. En comprenant que chaque personne est elle aussi en train de créer son propre chemin, avec ses erreurs, ses hésitations, et ses réussites, nous devenons plus enclins à offrir notre soutien sans jugement. Nous comprenons que chacun évolue à son propre rythme, selon ses propres lignes, et que cela fait partie de la beauté de la vie humaine. Lâcher prise sur les attentes, les jugements et les comparaisons nous permet d'interagir avec autrui de manière plus authentique et enrichissante.

Finalement, lâcher prise nous invite à vivre notre vie comme une aventure artistique, un chef-d'œuvre en devenir où chaque instant est l'occasion d'apprendre, d'évoluer, et de s'épanouir. Nous acceptons que l'œuvre ne soit jamais "terminée" et qu'elle ne doive pas l'être. Chaque journée devient une nouvelle opportunité de poser des touches de couleur, d'ajouter des éléments à notre tableau personnel, sans se soucier de la perfection, mais en savourant le simple fait d'être vivant, de pouvoir exprimer notre essence et de découvrir les multiples facettes de la vie.

C'est cette attitude créative, ouverte et joyeuse qui fait du lâcher-prise un art de vivre. Cela nous permet de ne pas nous enfermer dans une routine trop rigide, mais d'accueillir chaque moment avec curiosité, comme une page blanche. En abandonnant nos peurs, nos doutes et nos résistances, nous découvrons que la vie elle-même est une source inépuisable d'inspiration. Nous devenons les peintres de notre propre existence, capables de laisser notre esprit et notre cœur s'exprimer librement, et de faire de notre vie une œuvre unique, où chaque imperfection ajoute à la beauté de l'ensemble.

1. Exercices pour lâcher-prise sur les émotions

1.La respiration

Respirez profondément pendant 5 minutes.

Exercice de respiration consciente

Objectifs :

- La respiration consciente est une méthode simple et puissante pour se reconnecter à l'instant présent et relâcher les tensions mentales et physiques. Elle permet de calmer l'esprit et de créer un état de détente.

1. Installez-vous confortablement :

- Asseyez-vous dans un endroit calme, sur une chaise ou en tailleur. Gardez votre dos droit mais détendu, les pieds posés au sol ou les mains posées sur les genoux. Vous pouvez aussi vous allonger si vous préférez.

2.Fermez les yeux :

- Fermer les yeux aide à minimiser les distractions extérieures et à vous concentrer sur votre corps et votre respiration.

3.Commencez à respirer profondément :

- Inspirez lentement par le nez en comptant jusqu'à 4, en laissant votre ventre se gonfler. Sentez l'air qui remplit vos poumons.

4. Retenez votre souffle :

- Après avoir inspiré, retenez doucement votre souffle pendant 2 à 3 secondes.

5. Expirez lentement :

- Expirez doucement par la bouche en comptant à nouveau jusqu'à 4, en laissant votre ventre se dégonfler.

6. Concentrez-vous sur votre respiration :

- Concentrez-vous sur le flux d'air qui entre et sort de votre corps. Si des pensées vous distraient, reconnaissez-les sans les juger, puis ramenez doucement votre attention à votre respiration.

7. Continuez pendant quelques minutes :

- Répétez ce cycle pendant 5 à 10 minutes. Essayez d'allonger l'expiration (par exemple, inspire sur 4 secondes, expirez sur 6 secondes), car cela favorise la détente.

2. Méditation de pleine conscience

Passer 10 minutes à observer vos pensées sans les juger.

Exercice de méditation de pleine conscience

Objectifs :

- Cet exercice vise à cultiver l'acceptation du moment présent et à relâcher les pensées ou émotions envahissantes. Il permet de prendre du recul face à nos expériences internes et de mieux gérer le stress en observant simplement ce qui se passe en soi sans y réagir.
- La pleine conscience est une pratique clé pour lâcher prise et vivre plus en paix avec les fluctuations de la vie quotidienne.

1. Trouvez un endroit calme :

- Installez-vous dans un endroit tranquille où vous ne seras pas dérangé(e). Asseyez-vous confortablement sur une chaise ou sur un coussin, avec le dos droit et les mains posées sur les genoux.

2. Fermez les yeux ou regarde fixement un point :

◻ Vous pouvez choisir de fermer les yeux pour vous concentrer plus facilement ou de fixer un point devant vous.

3. Concentrez-vous sur ta respiration :

◻ Commencez par porter votre attention sur votre respiration. Observez le mouvement de l'air qui entre et sort de votre corps. Sentez l'air frais qui entre par vos narines, la sensation de vos poumons qui se remplissent, puis l'air qui sort à chaque expiration.

4. Observez sans juger :

◻ Si des pensées, des émotions ou des sensations physiques émergent (par exemple, une démangeaison ou une distraction mentale), observez-les simplement sans les juger ni vous y attacher. Reconnaissez-les, puis ramenez doucement votre attention à votre respiration.

5. Accueillez l'instant présent :

◻ Laissez les pensées aller et venir comme des nuages dans le ciel. Acceptez tout ce qui se présente sans chercher à le contrôler ou à l'éliminer. Si votre esprit vagabonde, c'est normal : prenez simplement conscience de cette distraction et ramenez votre attention à la respiration.

6. Pratiquez pendant 5 à 10 minutes :

- Si vous débutez, commencez par 5 à 10 minutes de méditation. Vous pouvez augmenter progressivement la durée au fur et à mesure que vous vous sentez plus à l'aise.

7. Terminez en douceur :

- Lorsque vous êtes prêt(e) à terminer, prenez quelques respirations profondes, puis ouvrez doucement les yeux.

3. Libération émotionnelle par l'écriture

Écrivez dans un journal ce que vous ressentez chaque jour.

Exercice de libération par l'écriture

Objectifs :

- L'écriture est un puissant outil de libération émotionnelle, permettant de clarifier les sentiments, de relâcher les tensions internes et de prendre du recul par rapport aux expériences vécues. Voici un exercice en plusieurs étapes pour explorer et libérer vos émotions à travers l'écriture.

□ Cet exercice, pratiqué régulièrement, peut vous aider à vous reconnecter à vous-même et à libérer progressivement des tensions intérieures accumulées.

1. Préparation :

□ Choisissez un endroit calme où vous pouvez vous concentrer sans interruption.
□ Prenez un cahier ou des feuilles spécifiquement dédiés à cet exercice, de sorte que vous puissiez y revenir en cas de besoin.
□ Respirez profondément, relâchez les tensions physiques, et prenez un moment pour vous centrer

2. Connexion aux Émotions :

□ Fermez les yeux et laissez venir l'émotion qui vous pèse ou qui demande à être libérée (tristesse, colère, frustration, peur, etc.).
□ Notez cette émotion en haut de votre page, comme un titre ou un thème.

3. Écrire sans Filtre :

□ Commencez à écrire tout ce qui vous vient en tête par rapport à cette émotion, sans vous soucier de la grammaire, de la structure ou du style.
□ Laissez couler les mots, même si cela devient répétitif ou incohérent. L'important est de laisser sortir les pensées et les sentiments.

- Écrivez ce que cette émotion provoque en vous physiquement (tensions, douleurs, fatigue) et psychiquement (pensées répétitives, angoisses, etc.).

4. Interroger l'Émotion

Posez-vous les questions suivantes par écrit :

- D'où vient cette émotion ? Y a-t-il un événement ou une pensée qui l'a déclenchée ?
- Qu'est-ce que cette émotion m'apprend sur moi ? Quelle partie de moi cherche à être entendue ?
- Qu'est-ce que cette émotion me pousse à faire ou à éviter ?

5. Libération et Réflexion

- Exprimez un souhait de libération en écrivant quelque chose comme : "Je choisis de me libérer de cette émotion et d'accueillir la paix en moi."
- Prenez un moment pour relire votre écriture, puis écrivez un court message d'acceptation et de bienveillance envers vous-même, en vous remerciant d'avoir pris ce moment pour vous.

6. Rituel de Clôture (optionnel)

- Brûlez ou déchirez la feuille si cela vous aide symboliquement à libérer l'émotion.
- Ou gardez-la pour relire plus tard et observer votre progression

4. Pleurs libérateurs

Autorisez-vous à pleurer pour libérer les émotions refoulées.

Exercice des Pleurs Libérateurs

Objectifs :

- Laisser couler les larmes peut être un acte de libération profond. Les pleurs permettent au corps et à l'esprit de relâcher des émotions enfouies, d'évacuer des tensions accumulées et de retrouver une forme de paix intérieure. Voici un exercice guidé pour favoriser des pleurs.

1. Préparation de l'Environnement

- Trouvez un endroit calme et sécurisé où vous ne serez pas interrompu(e). Un espace privé, confortable et propice à l'introspection est idéal.
- Préparez quelques éléments de réconfort, comme une couverture, un oreiller, et un verre d'eau pour après l'exercice.
- Mettez une musique douce ou émotive, si cela vous aide à vous connecter à vos émotions. Sinon, le silence convient tout aussi bien.

2. Se Connecter à l'Émotion

- Asseyez-vous ou allongez-vous dans une position confortable, fermez les yeux, et commencez par respirer profondément.

- Laissez venir l'émotion que vous souhaitez libérer (tristesse, mélancolie, frustration, peine). Visualisez-la dans votre corps — peut-être se trouve-t-elle dans votre poitrine, votre ventre, ou ailleurs.
- Acceptez cette émotion sans jugement, en la laissant être présente, sans chercher à l'étouffer.

3. Faciliter le Lâcher-Prise

- Pensez à un moment poignant de votre vie, à une perte ou une blessure émotionnelle qui pourrait être à l'origine de cette émotion.
- Imaginez-vous en train de vous confier à une personne de confiance (un être cher, un ami, ou même vous-même en version plus âgée et sage), comme si vous racontiez cette douleur à voix haute.
- Essayez de parler à voix haute ou intérieurement, en exprimant ce que vous ressentez, même si cela semble difficile.

4. Laisser Couler les Larmes

- Laissez les larmes venir sans retenue. Permettez-vous de pleurer pleinement, en laissant votre corps exprimer ce dont il a besoin, que ce soient des sanglots, des soupirs ou des tremblements.
- 2. Si les larmes ne viennent pas immédiatement, ne forcez pas. Parfois, la simple intention de pleurer et de se libérer émotionnellement peut amener un apaisement.
- Continuez jusqu'à sentir un apaisement ou une fatigue douce, signe que le corps et l'esprit ont libéré une partie de cette émotion.

5. Retour à Soi

- □ Prenez un moment pour respirer calmement, en posant une main sur votre cœur ou votre ventre pour vous recentrer.
- □ Offrez-vous un moment de douceur et de réconfort. Enveloppez-vous dans une couverture, prenez une boisson chaude, ou écrivez quelques mots pour exprimer ce que vous ressentez après cette libération.
- □ Remerciez-vous intérieurement pour ce moment, en accueillant la sensation de légèreté ou de soulagement qui peut s'installer.

6.Rituel de Clôture

- □ Pour certains, il peut être bénéfique d'écrire quelques mots après cet exercice, comme un journal d'émotions ou une lettre à soi-même. D'autres préféreront méditer ou simplement rester en silence pour savourer cet instant de libération.

5. Nommer ses émotions

_Lorsque vous ressentez une émotion forte, nommez-la ("Je me sens en colère", "Je suis triste").

Exercice : Nommer ses Émotions

Objectifs :

- Nommer ses émotions est un exercice essentiel pour développer la conscience émotionnelle et mieux comprendre ce que l'on ressent. En les identifiant précisément, on peut en prendre de la distance et trouver des moyens de les gérer. Voici un exercice simple pour apprendre à nommer vos émotions.

1. Prendre un Moment de Pause

- Trouvez un endroit calme où vous ne serez pas dérangé(e).
- Asseyez-vous confortablement, fermez les yeux, et prenez quelques respirations profondes pour vous détendre et vous recentrer.

2. Se Connecter à son Ressenti

- Observez ce que vous ressentez en ce moment. Portez votre attention sur votre corps et cherchez à ressentir s'il y a des tensions, des sensations de chaleur, de froid, de lourdeur ou de légèreté.
- Essayez de localiser une émotion. Demandez-vous : « Qu'est-ce que je ressens en ce moment ? » et soyez à l'écoute des premiers mots ou sensations qui vous viennent.

3. Nommer l'Émotion avec Précision

- Écrivez ou dites le nom de l'émotion que vous ressentez : est-ce de la tristesse, de la colère, de l'anxiété, de la joie, de l'ennui, de la frustration ? Ne vous arrêtez pas à des termes généraux si vous pouvez trouver des mots plus précis.

- Si l'émotion n'est pas claire, essayez de décomposer en plusieurs sentiments. Par exemple, la colère peut inclure de la déception, du ressentiment ou de la frustration.

4. Explorer et Décrire l'Émotion

- Décrivez l'intensité de l'émotion. Est-elle forte, légère, persistante, ou momentanée ?
- Posez-vous quelques questions pour approfondir :
- Quand cette émotion a-t-elle commencé ?
- Est-elle associée à une personne, un lieu ou une situation particulière ?
- Quelles pensées accompagnent cette émotion ?

5. Accueillir et Accepter l'Émotion

- Prenez un moment pour accepter l'émotion telle qu'elle est, sans chercher à la juger ou à la changer. L'important est de l'identifier et de lui faire de la place.
- Dites-vous quelque chose de bienveillant : « Il est normal que je ressente cela », ou « Je m'autorise à ressentir cette émotion. »

6. Écrire ou Parler de l'Émotion

- Exprimez par écrit ou à voix haute ce que vous avez identifié. Cela aide à renforcer la compréhension et à prendre du recul.
- Par exemple, vous pourriez écrire : « Je ressens de la tristesse aujourd'hui. Elle est apparue ce matin, et je pense qu'elle est liée à… »

Exemple Pratique

- Prenons l'exemple d'une personne qui ressent de l'angoisse. En suivant les étapes, elle pourrait s'apercevoir qu'il s'agit en réalité d'une peur de l'échec liée à un projet. En nommant cette peur et en la décrivant, elle peut l'accueillir, puis trouver des moyens de la gérer.
- Cet exercice vous aidera à mieux identifier et accepter vos émotions. À force de pratique, il deviendra plus facile de nommer précisément ce que vous ressentez et de transformer cette connaissance en une force pour mieux vivre vos émotions.

6.Méditation de compassion

Méditez sur la bienveillance envers vous-même pour accepter vos émotions.

Exercice de Méditation de Compassion

Objectifs :

- La méditation de compassion, ou "méditation de la bienveillance", est une pratique qui permet d'ouvrir son cœur et de cultiver des sentiments d'amour, de bienveillance et de compassion, d'abord envers soi-même, puis envers les autres. Cet exercice est puissant pour apaiser le mental et pour se connecter aux autres de façon authentique et bienveillante.

1. Préparer l'Espace et la Posture

- Trouvez un endroit calme où vous ne serez pas dérangé(e).
- Asseyez-vous dans une position confortable, le dos droit, les mains posées sur vos genoux ou jointes sur votre ventre.
- Fermez les yeux et prenez quelques respirations profondes pour vous détendre et vous centrer.

2. Diriger la Compassion vers Soi

- Prenez conscience de vous-même en respirant profondément et calmement.
- Visualisez un sentiment de chaleur, de bienveillance ou de lumière douce qui remplit votre cœur.
- Répétez intérieurement des phrases de bienveillance à votre égard, par exemple :
  - « Que je sois en paix. »
  - « Que je sois heureux(se). »
  - « Que je sois en sécurité. »
  - « Que je sois en bonne santé.
- 4. Prenez un moment pour laisser ces mots s'imprégner en vous, en ressentant la compassion que vous vous adressez.

3. Étendre la Compassion vers un Être Cher

- Pensez à quelqu'un que vous aimez profondément et imaginez cette personne face à vous, entourée de chaleur et de bienveillance.
- Répétez intérieurement les mêmes phrases en les dirigeant vers cette personne :
  - « Que tu sois en paix. »
  - « Que tu sois heureux(se). »
  - « Que tu sois en sécurité. »
  - « Que tu sois en bonne santé. »
- Prenez le temps de ressentir cette bienveillance et de la partager sincèrement

4 : Étendre la Compassion vers un Inconnu

- 1. Imaginez une personne que vous connaissez peu ou pas (cela peut être quelqu'un croisé dans la rue, par exemple).
- Visualisez cette personne entourée de lumière et de chaleur, et adressez-lui les mêmes souhaits de bienveillance :
  - « Que tu sois en paix. »
  - « Que tu sois heureux(se). »
  - « Que tu sois en sécurité. »
  - « Que tu sois en bonne santé. »

5. Étendre la Compassion vers une Personne avec qui vous avez des Tensions

- 1. Pensez à une personne avec qui vous rencontrez des difficultés. Sans minimiser ce que vous ressentez, essayez de la voir elle aussi comme un être humain qui aspire à être heureux.

- Imaginez cette personne entourée de bienveillance et de lumière et répétez les phrases de compassion :
  - « Que tu sois en paix. »
  - « Que tu sois heureux(se). »
  - « Que tu sois en sécurité. »
  - « Que tu sois en bonne santé. »
- Restez dans un sentiment d'acceptation, même si cela peut être difficile. Vous pouvez revenir à cette étape plus tard si cela est nécessaire.

6. Étendre la Compassion à Tous les Êtres

- Visualisez maintenant un cercle élargi, incluant vous-même, vos proches, les inconnus et même ceux avec qui vous rencontrez des difficultés.
- Étendez votre bienveillance à tous les êtres autour de vous, dans le monde entier, en répétant les phrases :
  - « Que tous les êtres soient en paix. »
  - « Que tous les êtres soient heureux. »
  - « Que tous les êtres soient en sécurité. »
  - « Que tous les êtres soient en bonne santé. »

7. Retour à Soi

- Ramenez doucement votre attention à vous-même et respirez calmement.
- Remerciez-vous pour cet acte de compassion envers vous-même et les autres.
- Ouvrez lentement les yeux et prenez un moment pour revenir à l'instant présent.

- Cet exercice peut être pratiqué régulièrement pour cultiver un sentiment de paix intérieure, de connexion et de bienveillance envers soi-même et le monde. En prenant soin de notre propre cœur, nous trouvons aussi la force de mieux accueillir les autres dans le leur.

□ 7.la technique de pause-réflexion

Avant de réagir à une émotion forte, faites une pause de quelques secondes.

Exercice Technique de la Pause Réflexion

Objectifs :

- La technique de la "pause réflexion" est un exercice simple et efficace pour prendre du recul, éviter des réactions impulsives et répondre de manière plus consciente aux situations de la vie quotidienne. Elle vous aide à observer vos pensées, vos émotions et vos comportements, et à faire des choix plus éclairés.

1. Arrêter et Respirer

- Dès que vous sentez une émotion ou une pensée intense, prenez un moment pour vous arrêter. Que ce soit dans une conversation, une tâche, ou face à une décision, marquez une pause.
- Prenez trois grandes respirations profondes pour vous recentrer et calmer le système nerveux. Sentez votre respiration se faire plus lente et plus régulière.

2. Observer vos Pensées et Émotions

- Notez ce qui se passe en vous sans jugement. Quels sont les pensées et les sentiments qui émergent ? Peut-être de l'agacement, de la frustration, de l'anxiété ou même de l'enthousiasme.
- Prenez note de la nature de ces émotions : sont-elles de courte durée, sont-elles intenses, ou semblent-elles basées sur une situation passée ou future ?

3. Questionner et Réfléchir

- Posez-vous quelques questions pour mieux comprendre la situation :
- Pourquoi est-ce que je ressens cela ?
- Est-ce que je suis en train de réagir de manière automatique ou réfléchie ?
- Quelle importance cette situation aura-t-elle dans quelques jours ou quelques semaines ?
- En faisant cela, reconnaissez les pensées automatiques ou les tendances réactives qui peuvent vous influencer.

4. Choisir sa Réponse Consciente

- Après avoir pris ce moment de recul, demandez-vous comment vous voulez réagir de manière alignée avec vos valeurs et vos objectifs.
- Choisissez une réponse ou une action qui soit calme, réfléchie et qui favorise votre bien-être et celui des autres.

Exemple Pratique :

- Imaginons que vous recevez un message ou une remarque qui vous agace. Plutôt que de répondre immédiatement, vous :
- Prenez une pause et respirez.
- Observez les pensées d'agacement et la montée de l'émotion.
- Réfléchissez : "Est-ce que cette réaction est due à mon humeur actuelle ou est-ce que cette remarque est vraiment importante ?"
- Après avoir réfléchi, vous choisissez soit de répondre calmement, soit de ne pas réagir, sachant que cela n'aura peut-être pas de réelle importance.

8.Bain chaud relaxant

Prenez un bain chaud et laissez les tensions émotionnelles se dissoudre dans l'eau.

Exercice Technique du Bain Chaud Relaxant

Objectifs :

- Le bain chaud relaxant est une technique simple mais efficace pour détendre le corps et apaiser l'esprit. L'eau chaude soulage les muscles tendus, réduit le stress et crée un sentiment de bien-être. Voici un guide pour profiter pleinement de cette expérience de relaxation.

1. Préparer l'Environnement

- Assurez-vous d'avoir un espace calme où vous ne serez pas dérangé(e).
- Tamisez la lumière ou utilisez des bougies pour créer une ambiance douce et relaxante.
- Ajoutez des éléments de confort : vous pouvez préparer une serviette moelleuse, une boisson chaude ou un verre d'eau à côté de la baignoire.

2. Préparer le Bain

- Réglez la température de l'eau à une chaleur confortable, autour de 37-40°C. Cela permettra de détendre les muscles sans irriter la peau.
- Ajoutez des éléments relaxants :
  -Sel d'Epsom : pour soulager les tensions musculaires.
  -Huiles essentielles (lavande, eucalyptus ou camomille) pour favoriser la détente.
  -Huiles pour le bain ou quelques gouttes de lait d'amande pour adoucir la peau.

3. Entrer dans le Bain et Respirer

- Installez-vous doucement dans l'eau et prenez quelques instants pour fermer les yeux.
- Respirez profondément et lentement, en prenant conscience de la chaleur qui entoure votre corps et de la sensation d'apesanteur dans l'eau.
- À chaque respiration, imaginez que la tension quitte votre corps et que la sérénité s'installe.

4. Relaxation Corporelle

- Commencez par concentrer votre attention sur chaque partie de votre corps, des pieds jusqu'à la tête.

Détendez vos orteils, vos mollets, vos cuisses, et ainsi de suite.

▫ Relâchez les muscles de votre visage, vos épaules et vos bras, en laissant l'eau chaude envelopper chaque zone de votre corps.

5. Apaiser l'Esprit

▫ Laissez vos pensées se calmer : si des pensées surgissent, laissez-les passer sans y attacher d'importance.

▫ Visualisez un lieu apaisant, comme une plage ou un jardin, et imaginez-vous dans cet endroit, entouré(e) de calme et de sérénité.

▫ Si vous préférez, vous pouvez écouter de la musique douce ou des sons de nature pour accentuer la relaxation.

6. Clôturer le Bain en Douceur

▫ Sortez lentement du bain et enveloppez-vous dans une serviette chaude.

▫ Prenez un moment pour vous hydrater et appliquer une lotion douce pour prolonger la sensation de bien-être sur votre peau.

▫ Accordez-vous un moment de repos, en évitant les écrans ou les activités stimulantes. Prenez une tisane ou profitez d'un moment calme avant de dormir.

▫ Ce bain chaud relaxant peut être pratiqué régulièrement pour relâcher les tensions et retrouver un sentiment de calme intérieur. C'est un excellent moyen de se recentrer et de nourrir le corps et l'esprit après une journée intense.

9. La danse pour se libérer

Mettez de la musique et dansez librement pour laisser aller vos émotions.

Exercice Technique de la Danse pour se Libérer

Objectifs :

- La danse est une excellente façon de libérer le corps et l'esprit. En permettant au corps de s'exprimer librement, on relâche les tensions, on se connecte à soi-même et on libère des émotions souvent enfouies. Voici une technique simple de danse pour se libérer et renouer avec son énergie intérieure.

1. Créer un Environnement de Confort :

- Trouvez un espace où vous pouvez bouger librement sans être dérangé(e).
- Choisissez une musique qui vous inspire : cela peut être une musique énergique si vous avez besoin d'expression intense, ou quelque chose de plus doux pour un mouvement fluide.
- Assurez-vous d'être à l'aise dans des vêtements amples et confortables.

2. Se Connecter à son Corps

- Commencez par vous ancrer dans le moment présent : fermez les yeux, respirez profondément et sentez vos pieds bien posés sur le sol.
- Ressentez chaque partie de votre corps et relâchez les tensions. Passez en revue vos pieds, vos jambes, votre torse, vos épaules et vos bras.

3. Laisser le Corps Bouger Spontanément

- Mettez la musique et laissez votre corps commencer à bouger doucement au rythme de la mélodie, sans forcer, juste en suivant vos sensations.
- Libérez-vous de toute contrainte de mouvement : dansez de manière spontanée, sans penser à la forme ou au style. Laissez chaque partie de votre corps s'exprimer comme elle le souhaite.

4. Exprimer les Émotions

- Concentrez-vous sur ce que vous ressentez intérieurement. Si une émotion particulière est présente (joie, colère, tristesse), laissez-là s'exprimer à travers vos mouvements.
- Si vous ressentez de la tension ou une émotion forte, laissez-là se manifester par des mouvements amples ou rapides. Si vous ressentez de la douceur ou de la tristesse, adoptez des mouvements plus lents et fluides.
- Permettez à votre visage, vos bras et vos jambes de s'exprimer pleinement, comme si votre corps racontait une histoire.

5. Intensifier puis Relâcher

- Accélérez progressivement votre rythme si vous le sentez, en dansant de manière plus énergique. Permettez à toute émotion ou énergie bloquée de se libérer.
- Puis, ralentissez doucement, en amenant vos mouvements vers une fin paisible. Laissez les tensions quitter votre corps, comme une sensation d'apaisement et de relâchement.

6. Retour à Soi et Repos

- Après avoir dansé, prenez un moment pour vous asseoir ou vous allonger, fermez les yeux et respirez profondément.
- Ressentez les effets de la danse sur votre corps et votre esprit. Remarquez si vous vous sentez plus léger ou plus calme.
- Remerciez-vous pour ce moment de libération et d'expression personnelle.

10.Méditation des 5 sens

Concentrez-vous sur vos 5 sens pour revenir à l'instant présent.

Exercice de Méditation des Cinq Sens

Objectifs :

- La méditation des cinq sens est une pratique de pleine conscience qui permet de revenir à l'instant présent en explorant chacun de ses sens. Cet exercice est idéal pour réduire le stress, se recentrer et savourer pleinement l'expérience du moment. Voici comment pratiquer cette méditation simple et efficace.

1. Préparation

- Asseyez-vous dans un endroit calme où vous ne serez pas dérangé(e).
- Fermez les yeux ou gardez-les légèrement ouverts selon ce qui est le plus confortable pour vous.
- Prenez quelques respirations profondes pour vous détendre et vous ancrer dans le moment présent.

2. Explorer le Sens de la Vue

- Ouvrez les yeux doucement et regardez autour de vous sans chercher quoi que ce soit en particulier.
- Observez les couleurs, les formes, et les textures des objets autour de vous.
- Prenez le temps de vraiment remarquer les détails, même ceux qui vous semblent familiers. Permettez-vous d'être émerveillé(e) par ce que vous voyez.

3. Explorer le Sens du Toucher

- Fermez les yeux pour mieux vous concentrer sur le toucher.
- Concentrez-vous sur les sensations physiques de votre corps : la texture de vos vêtements sur la peau, le

contact de vos pieds avec le sol, la sensation de vos mains sur vos cuisses ou sur une surface.

- Vous pouvez aussi toucher un objet proche (par exemple, un tissu, une pierre, une plante) et explorer sa texture. Remarquez la douceur, la rugosité, la chaleur ou le froid.

4. Explorer le Sens de l'Ouïe

- Écoutez les sons autour de vous : le bruit de la pièce, les sons lointains ou proches, et même le silence.
- Essayez d'identifier chaque son sans chercher à le juger ou à l'analyser.
- Concentrez-vous sur le son de votre propre respiration et laissez chaque son apparaître et disparaître naturellement.

5. Explorer le Sens de l'Odorat

- Prenez une respiration profonde par le nez et essayez de percevoir les différentes odeurs autour de vous.
- Si vous êtes dans un espace neutre, vous pouvez avoir avec vous un objet odorant (comme une bougie parfumée, une fleur ou un fruit) pour explorer davantage ce sens.
- Remarquez si les odeurs sont subtiles ou fortes, agréables ou neutres, et laissez-vous simplement apprécier ces sensations olfactives.

6. Explorer le Sens du Goût

- □ Si possible, prenez un petit morceau de nourriture ou une boisson (par exemple, un morceau de fruit, une gorgée de thé).
- □ Prenez le temps de savourer la texture et la saveur sur votre langue, en observant toutes les nuances de goût.
- □ Concentrez-vous sur les sensations de douceur, d'acidité, d'amertume ou de fraîcheur et essayez de savourer chaque note de goût.

7. Retour à Soi et Respiration

- □ Prenez une dernière respiration profonde et concentrez-vous sur la sensation de bien-être et de calme que vous avez développée en explorant vos sens.
- □ Prenez un moment pour observer l'effet de cette méditation sur votre esprit et votre corps. Vous pourriez ressentir un sentiment d'apaisement, de gratitude ou de connexion.

11. Méditation des nuages

Imaginez vos pensées comme des nuages qui passent dans le ciel.

Exercice de Méditation des Nuages

Objectifs :

- □ La méditation des nuages est une technique de visualisation qui consiste à imaginer les pensées et les émotions comme des nuages dans le ciel, les observant passer sans s'y attacher. Cet exercice aide à développer le lâcher-prise et l'acceptation en prenant du recul par rapport aux pensées et aux émotions.

1. Préparation

- Asseyez-vous ou allongez-vous dans un endroit calme où vous ne serez pas dérangé(e).
- Fermez les yeux et prenez quelques respirations profondes pour vous détendre et vous ancrer dans le moment présent.

2. Visualiser le Ciel Intérieur

- Imaginez un ciel vaste et ouvert au-dessus de vous, sans fin, clair et calme.
- Voyez ce ciel comme l'espace de votre esprit : vaste, paisible et prêt à accueillir toutes les pensées, émotions et sensations sans s'en alourdir.

3. Observer les Nuages de Pensées et d'Émotions

- Imaginez chaque pensée ou émotion qui surgit comme un nuage dans le ciel de votre esprit. Peu importe leur nature (agréable, désagréable, neutre), elles apparaissent comme des nuages de formes et de tailles variées.
- Prenez un moment pour observer chaque "nuage" sans vous n'y attacher ni le juger. Voyez-le simplement passer dans le ciel.

4. Laisser les Nuages Passer

- Laissez chaque nuage (pensée ou émotion) dériver lentement et disparaître sans effort.
- Si une pensée vous semble persistante, imaginez-la sous forme de nuage plus épais, mais permettez-lui de passer doucement, en vous rappelant qu'elle finira par s'éloigner.

5. Apprendre à Prendre du Recul

- Rappelez-vous que vous êtes le ciel, non les nuages. Le ciel reste paisible, quel que soit le passage des nuages. Vous pouvez observer les pensées et émotions sans être affecté(e) par elles.
- Si vous vous sentez distrait(e) ou happé(e) par une pensée, ramenez doucement votre attention au ciel et à votre respiration.

6. Retour à la Conscience et à la Paix Intérieure

- Prenez quelques instants pour profiter du calme de ce ciel intérieur une fois que les nuages s'éloignent, laissant place à une sensation de clarté.
- Revenez doucement au moment présent, en prenant quelques respirations profondes, puis ouvrez les yeux.

Conseils :

- Cet exercice peut être pratiqué régulièrement, surtout lorsque vous vous sentez submergé(e) par les pensées ou les émotions. N'hésitez pas à le refaire dès que vous sentez une surcharge mentale : il favorise le recul et le lâcher-prise. Souvenez-vous que les pensées et les émotions vont et viennent comme les nuages, mais le calme de votre esprit est toujours là en arrière-plan, prêt à accueillir chaque instant. Cette méditation est parfaite pour apprendre à observer ses pensées sans jugement et se reconnecter à la paix intérieure.

12. Respiration 4-7-8

Pratiquer la technique de respiration 4-7-8 pour calmer son esprit.

Exercice de Respiration 4-7-8

Objectifs :

- La technique de respiration 4-7-8 est un exercice simple et efficace pour calmer l'esprit, réduire le stress et favoriser la relaxation. Basée sur des rythmes respiratoires spécifiques, elle aide à apaiser le système nerveux et est particulièrement utile pour s'endormir plus facilement ou pour se recentrer pendant la journée.

1. Préparation

- Asseyez-vous confortablement ou allongez-vous dans un endroit calme.
- Détendez votre corps et relâchez vos épaules. Fermez les yeux pour favoriser la concentration.

2. Prendre une Respiration Complète

- Commencez par expirer complètement par la bouche pour vider vos poumons d'air.
- Placez le bout de votre langue juste derrière vos dents du haut et maintenez cette position tout au long de l'exercice (cela aide à réguler le flux d'air lorsque vous expirez).

3. La Technique 4-7-8

- Inspirez par le nez en comptant mentalement jusqu'à 4.
- Retenez votre souffle en comptant jusqu'à 7.
- Expirez doucement et complètement par la bouche (en émettant un léger souffle) en comptant jusqu'à 8.
- Cela complète un cycle.

4. Répéter le Cycle

- Répétez ce cycle de respiration quatre fois au début. À mesure que vous vous habituez, vous pouvez augmenter à 8 cycles maximum, mais il est important de ne pas forcer si vous débutez.
- Concentrez-vous sur le comptage et le rythme de votre respiration pour vous ancrer dans le moment présent.

5 Terminer en Douceur

- Prenez un moment pour observer comment vous vous sentez après l'exercice. Vous pouvez remarquer une sensation de calme, de clarté ou de légèreté.
- Reprenez une respiration naturelle et ouvrez doucement les yeux si vous les aviez fermés.

Bienfaits et Conseils :

- La respiration 4-7-8 est efficace pour calmer l'anxiété et réduire le stress en stimulant la réponse de relaxation du corps.
- Pratiquée avant le coucher, elle aide à préparer l'esprit au sommeil.
- Pour obtenir des effets durables, pratiquez cet exercice régulièrement, de préférence deux fois par jour.
- En intégrant cet exercice dans votre routine, vous pouvez améliorer votre gestion du stress et favoriser un état de calme intérieur, accessible en quelques respirations.

13. Observer sans juger

Observer ses pensées sans chercher à les contrôler.

Exercice : Observer sans Juger

Objectifs :

- L'exercice "observer sans juger" est une pratique de pleine conscience qui consiste à porter attention à ce qui se passe en soi et autour de soi sans émettre de jugement. Cet exercice aide à développer la neutralité, l'acceptation et la clarté dans l'observation de ses pensées, émotions et sensations. Voici comment le pratiquer.

1 : Créer un Moment de Calme

- Asseyez-vous dans un endroit calme où vous ne serez pas dérangé(e).
- Fermez les yeux si cela est confortable, et prenez quelques respirations profondes pour vous détendre.

2. Porter Attention à sa Respiration

- Concentrez-vous sur votre respiration : observez simplement le rythme naturel de l'air qui entre et sort de vos narines.
- Ne cherchez pas à modifier votre respiration, contentez-vous d'observer.

3. Observer les Pensées qui Émergent

- Lorsque des pensées surgissent, remarquez-les simplement sans les ne repousser ni les approfondir.
- Voyez-les comme des nuages qui passent dans le ciel, sans vous attacher à elles ni les juger comme bonnes ou mauvaises.

4. Observer les Émotions et Sensations Corporelles

- Portez attention aux émotions ou sensations physiques qui se manifestent en vous.
- Par exemple, si vous ressentez une tension, une chaleur, une gêne ou même une sensation de calme, remarquez cela sans chercher à l'analyser ou à le juger.
- Accueillez ces sensations avec neutralité, comme si vous les observiez pour la première fois.

5. Ramener la Conscience à la Neutralité

- Chaque fois que vous constatez que vous jugez une pensée ou une sensation (par exemple en pensant « c'est ennuyeux » ou « je ne devrais pas ressentir cela »), reconnaissez ce jugement et laissez-le passer.
- Revenez ensuite à une observation pure, en rappelant que l'objectif est de voir sans interpréter ni juger.

6. Conclure en Douceur

- Prenez un moment pour revenir à la respiration, en savourant la sensation de calme et d'ouverture que vous avez développée.
- Remerciez-vous pour ce moment d'observation sans jugement, en notant si vous vous sentez plus léger ou plus apaisé.

Conseils et bienfaits :

- Cet exercice peut être pratiqué au quotidien, même quelques minutes, pour développer la pleine conscience.
- Apprendre à observer sans juger favorise une plus grande acceptation de soi et des situations, ce qui peut réduire le stress et les émotions négatives.
- Cette technique aide à se détacher des réactions automatiques, permettant une plus grande clarté et un meilleur contrôle émotionnel.
- En pratiquant régulièrement, vous découvrirez une capacité accrue à voir les choses telles qu'elles sont, à les accueillir, et à laisser passer ce qui ne vous sert plus.

14. Écrire pour vider son esprit

Écrivez tout ce qui vous préoccupe pour vous libérer des pensées en boucle.

Exercice d'Écriture pour Vider son Esprit

Objectifs :

- ◌ L'écriture peut être un excellent moyen de vider l'esprit, d'organiser ses pensées et de libérer des émotions. Cet exercice, souvent appelé "Brain dump" ou "vidage mental", consiste à écrire tout ce qui vous passe par la tête sans filtre ni jugement. Cela permet de libérer l'esprit des pensées encombrantes et d'obtenir une meilleure

1. Préparation

- ◌ Trouvez un endroit calme et confortable où vous pouvez écrire sans être dérangé(e).
- ◌ Prenez un cahier, des feuilles ou un ordinateur — choisissez ce qui est le plus confortable pour vous.
- ◌ Fixez un temps pour cet exercice (5 à 20 minutes) afin de rester concentré(e).

2. Commencer à Écrire Sans Filtre

- Mettez-vous à écrire tout ce qui vous vient à l'esprit : pensées, préoccupations, idées, tâches à faire, émotions. Écrivez sans vous soucier de la structure, de la grammaire ou de la logique.
- Laissez les mots sortir librement, sans vous arrêter pour corriger ou analyser. Si vous n'avez rien à dire pendant un instant, n'écrivez simplement « rien » ou « je ne sais pas quoi écrire » jusqu'à ce que de nouvelles idées surgissent.

3. Explorer les Pensées et les Émotions

- Si des préoccupations spécifiques émergent, explorez-les plus en profondeur. Par exemple, si vous êtes inquiet(e) pour un événement, notez ce qui vous inquiète, pourquoi cela vous affecte, et comment vous aimeriez y faire face.
- Exprimez également les émotions qui surgissent : la peur, la colère, la tristesse, la frustration. Mettez des mots sur ce que vous ressentez, sans chercher à réprimer ni à rationaliser.

4. Libérer les Idées et les Tâches

- Si des idées, des projets ou des tâches à faire se présentent, notez-les comme elles viennent, sans organiser ou hiérarchiser.

- Visualisez cela comme un « vidage mental » où chaque pensée et idée a le droit d'être écrite pour libérer de l'espace dans votre esprit.

5. Clôturer l'Écriture et Relire (optionnel)

- À la fin du temps imparti, relisez ce que vous avez écrit, si vous le souhaitez. Voyez s'il y a des pensées récurrentes, des émotions ou des tâches qui nécessitent de l'attention.
- Si certaines idées nécessitent un suivi, mettez-les de côté pour les traiter plus tard et laissez-le reste de vos écrits tels qu'ils sont.

6. Terminer avec une Respiration

- Prenez quelques respirations profondes pour marquer la fin de l'exercice et pour ancrer ce sentiment de libération et de clarté.
- Remerciez-vous pour ce moment d'introspection et de libération.

Bienfaits et Conseils :

- Cet exercice peut être pratiqué régulièrement, le matin ou le soir, pour libérer l'esprit des pensées encombrantes et trouver plus de calme.

- En mettant vos pensées par écrit, vous créez une distance entre vous et vos préoccupations, ce qui aide à prendre du recul et à réduire le stress.
- Vous pouvez aussi garder ce cahier comme un journal d'introspection pour suivre votre évolution mentale et émotionnelle.
- Cet exercice d'écriture peut devenir une habitude bénéfique pour mieux comprendre vos pensées et émotions, et pour libérer votre esprit au quotidien.

15. La méthode du "STOP"

Chaque fois qu'une pensée stressante émerge, dis "STOP" mentalement.

Exercice de la Méthode STOP

Objectifs :

- La méthode du "STOP" est une technique de pleine conscience simple et rapide, conçue pour vous aider à interrompre le flux de pensées automatiques, prendre du recul et vous recentrer dans des moments de stress ou de confusion. Elle est particulièrement utile pour réagir de manière plus calme et réfléchie aux situations difficiles. Voici comment pratiquer cette méthode.
- L'acronyme "STOP" représente quatre étapes simples :

S – Stop (Arrêtez-vous)

- □ Arrêtez ce que vous êtes en train de faire. Interrompez-vous dans votre tâche, votre pensée ou votre réaction. Marquez une pause, même si elle est très courte.
- □ Prenez conscience que vous vous donnez un moment pour vous recentrer.

T – Take a Breath (Prenez une Respiration)

- □ Prenez une respiration profonde et consciente. Laissez-la être lente et complète, en vous concentrant uniquement sur l'air qui entre et sort de vos poumons.
- □ Cette respiration vous aide à vous reconnecter au moment présent et à apaiser votre esprit.

O – Observe (Observez)

- □ Observez ce qui se passe en vous et autour de vous. Notez vos pensées, vos émotions et vos sensations corporelles sans jugement.
  - Que ressentez-vous physiquement ? Y a-t-il des tensions, des douleurs, de la fatigue ?
  - Quelles émotions surgissent ? De la frustration, de la peur, de la tristesse ?
  - Quelles pensées traversent votre esprit ? Des inquiétudes, des jugements, des souvenirs ?
- □ Observez également l'environnement et la situation : quelles sont les personnes ou les éléments autour de vous ? Cela aide à prendre de la distance.

P – Proceed (Poursuivez)

- Après avoir observé, décidez comment vous souhaitez poursuivre. Maintenant que vous êtes plus conscient(e) et apaisé(e), choisissez la manière la plus constructive ou bienveillante de continuer.
- Posez-vous la question : "Comment puis-je réagir de manière plus calme ou plus alignée avec mes valeurs dans cette situation ?"

Exemple Pratique :

- Imaginez que vous êtes en train de ressentir une montée de stress au travail à cause d'une échéance imminente. En utilisant la méthode STOP :
  - Arrêtez-vous (S) quelques secondes.
  - Prenez une grande respiration (T) pour vous calmer.
  - Observez (O) le stress qui se manifeste : une tension dans les épaules, des pensées d'inquiétude, une sensation de pression.
  - Poursuivez (P) en décidant de prioriser les tâches, de déléguer si possible, ou de faire une pause pour mieux revenir à votre tâche.

Avantages de la Méthode STOP :

- Cet exercice rapide peut être pratiqué n'importe où et à tout moment, lorsque vous ressentez le besoin de vous recentrer.
- En pratiquant STOP régulièrement, vous apprendrez à réagir de manière plus consciente et calme, ce qui peut améliorer votre bien-être mental et votre résilience au quotidien.

- STOP permet également de réduire les réactions impulsives et de développer une meilleure maîtrise émotionnelle.
- La méthode STOP est un outil simple mais puissant pour retrouver un espace de calme intérieur en quelques instants et choisir des réponses plus alignées avec vos intentions et valeurs.

16. Mantra de lâcher-prise

Répétez un mantra comme "Je lâche prise et je fais confiance à la vie".

Exercice : Mantra de Lâcher-Prise

Objectifs :

- Les mantras de lâcher-prise sont des phrases simples et positives que l'on répète pour apaiser l'esprit, relâcher les tensions et cultiver l'acceptation. Ils aident à laisser partir les pensées ou émotions qui nous retiennent, et à se libérer de l'auto-jugement ou du besoin de contrôle. Voici un exercice de lâcher-prise avec des mantras.

1. Choisir un Mantra

- Sélectionnez un mantra qui résonne avec vous et votre besoin de lâcher-prise. Voici quelques exemples :

- « Je relâche ce que je ne peux contrôler. »

- « J'accepte ce qui est et je fais confiance à l'avenir. »

- « Je me libère du passé pour vivre pleinement le présent. »

- « Je lâche prise et je laisse la paix entrer en moi. »

- « Tout est temporaire. Je m'adapte avec calme. »

▫ Si aucun de ces mantras ne vous parle, vous pouvez créer le vôtre en choisissant des mots qui résonnent avec votre besoin de libération et de paix.

2. S'Installer Confortablement

▫ Asseyez-vous dans un endroit calme et confortable. Vous pouvez vous asseoir en tailleur, sur une chaise ou même vous allonger.

▫ Fermez les yeux et prenez quelques respirations profondes pour vous recentrer.

3. Répéter le Mantra

▫ Commencez à répéter doucement le mantra que vous avez choisi, soit à voix basse, soit intérieurement.

▫ Synchronisez la répétition du mantra avec votre respiration :

▫ Inspirez en pensant à la première partie du mantra (« Je relâche… »).

▫ Expirez en complétant le mantra (« …ce que je ne peux contrôler. »).

4 Se Concentrer sur le Sens du Mantra

- Prenez le temps de ressentir chaque mot du mantra. Laissez son sens s'imprégner en vous, et imaginez que chaque mot vous aide à libérer les pensées ou émotions qui vous pèsent.
- Si des pensées distrayantes surviennent, revenez doucement à votre mantra sans jugement.

5. Visualiser le Lâcher-Prise

- En répétant le mantra, vous pouvez imaginer que chaque expiration emporte avec elle des tensions et des blocages. Visualisez-les qui s'éloignent, comme des feuilles emportées par le vent ou des nuages dans le ciel.
- Permettez-vous de ressentir une sensation de légèreté et de paix s'installer en vous à mesure que vous continuez.

6. Terminer avec Douceur

- Lorsque vous vous sentez prêt(e), arrêtez doucement la répétition du mantra.
- Restez encore quelques instants dans le calme, en savourant le sentiment de libération.
- Prenez quelques respirations profondes pour clôturer l'exercice, puis ouvrez doucement les yeux.

Conseils pour Intégrer le Mantra au Quotidien :

- Vous pouvez pratiquer cet exercice chaque jour, au moment où vous en ressentez le besoin.
- Utilisez ce mantra comme rappel lorsque vous sentez une tension ou un besoin de contrôle qui apparaît.

- Avec le temps, les mantras de lâcher-prise deviendront une seconde nature, vous aidant à cultiver un état d'esprit de paix et de libération.
- Cet exercice est un excellent moyen de vous reconnecter à vous-même et de vous libérer des attentes ou pressions inutiles, pour retrouver un équilibre intérieur et un apaisement.

17. Journal de pensée

Tenir un journal de tes pensées stressantes et observer les schémas qui se répètent.

Exercice : Mantra de Lâcher-Prise

Objectifs :

- Les mantras de lâcher-prise sont des phrases simples et positives que l'on répète pour apaiser l'esprit, relâcher les tensions et cultiver l'acceptation. Ils aident à laisser partir les pensées ou émotions qui nous retiennent, et à se libérer de l'auto-jugement ou du besoin de contrôle. Voici un exercice de lâcher-prise avec des mantras.

1. Choisir un Mantra

- Sélectionnez un mantra qui résonne avec vous et votre besoin de lâcher-prise. Voici quelques exemples :
  - « Je relâche ce que je ne peux contrôler. »

- « J'accepte ce qui est et je fais confiance à l'avenir. »
- « Je me libère du passé pour vivre pleinement le présent. »
  - « Je lâche prise et je laisse la paix entrer en moi. »
  - « Tout est temporaire. Je m'adapte avec calme.
  - Si aucun de ces mantras ne vous parle, vous pouvez créer le vôtre en choisissant des mots qui résonnent avec votre besoin de libération et de paix.

2. S'Installer Confortablement

  - Asseyez-vous dans un endroit calme et confortable. Vous pouvez vous asseoir en tailleur, sur une chaise ou même vous allonger.
  - Fermez les yeux et prenez quelques respirations profondes pour vous recentrer.

3. Répéter le Mantra

  - Commencez à répéter doucement le mantra que vous avez choisi, soit à voix basse, soit intérieurement.
  - Synchronisez la répétition du mantra avec votre respiration
  - Inspirez en pensant à la première partie du mantra (« Je relâche… »).
  - Expirez en complétant le mantra (« …ce que je ne peux contrôler. »).

4. Se Concentrer sur le Sens du Mantra

  - Prenez le temps de ressentir chaque mot du mantra. Laissez son sens s'imprégner en vous, et imaginez que chaque mot vous aide à libérer les pensées ou émotions qui vous pèsent.

- Si des pensées distrayantes surviennent, revenez doucement à votre mantra sans jugement.

5. Visualiser le Lâcher-Prise

- En répétant le mantra, vous pouvez imaginer que chaque expiration emporte avec elle des tensions et des blocages. Visualisez-les qui s'éloignent, comme des feuilles emportées par le vent ou des nuages dans le ciel.
- Permettez-vous de ressentir une sensation de légèreté et de paix s'installer en vous à mesure que vous continuez.

6. Terminer avec Douceur

- Lorsque vous vous sentez prêt(e), arrêtez doucement la répétition du mantra.
- Restez encore quelques instants dans le calme, en savourant le sentiment de libération.
- Prenez quelques respirations profondes pour clôturer l'exercice, puis ouvrez doucement les yeux.

Conseils pour Intégrer le Mantra au Quotidien :

- Vous pouvez pratiquer cet exercice chaque jour, au moment où vous en ressentez le besoin.
- Utilisez ce mantra comme rappel lorsque vous sentez une tension ou un besoin de contrôle qui apparaît.

- Avec le temps, les mantras de lâcher-prise deviendront une seconde nature, vous aidant à cultiver un état d'esprit de paix et de libération.
- Cet exercice est un excellent moyen de vous reconnecter à vous-même et de vous libérer des attentes ou pressions inutiles, pour retrouver un équilibre intérieur et un apaisement.

18. Détox numérique

Passe une journée sans consulter tes appareils électroniques pour laisser ton esprit se détendre.

Exercice : Détox Numérique

Objectifs :

- L'exercice de détox numérique est une pratique essentielle pour réduire la surcharge d'informations, améliorer la concentration et favoriser le bien-être mental. En prenant du recul par rapport aux écrans et aux appareils numériques, on permet à l'esprit de se ressourcer et de retrouver un équilibre. Voici comment effectuer une détox numérique.

1. Planifier une Période de Détox

- Choisissez une période pour votre détox numérique : cela peut être quelques heures chaque jour, une journée complète par semaine, ou même un week-end entier si possible.
- Informez vos proches de cette période pour éviter d'être sollicité(e) par des messages ou appels non essentiels.

2. Fixer des Objectifs Clairs

- Définissez vos objectifs pour cette détox numérique. Par exemple :
- Réduire le temps passé sur les réseaux sociaux.
- Améliorer la qualité de votre sommeil en évitant les écrans avant de dormir.
- Diminuer le stress lié aux notifications constantes.
- Notez ces objectifs pour vous en rappeler pendant la détox.

3. Désactiver les Notifications

- Mettez votre téléphone en mode silencieux ou activez le mode "ne pas déranger" pour éviter les distractions.
- Désactivez les notifications des applications non essentielles (courriels, réseaux sociaux, jeux, etc.). Gardez uniquement les notifications importantes, comme celles des appels téléphoniques si nécessaire.

4. Remplacer les Activités Numériques par des Alternatives

- Préparez des activités sans écran à faire pendant cette période de détox. Quelques idées :
- Lire un livre ou un magazine.

- Prendre une marche dans la nature ou faire de l'exercice physique.
- Écrire dans un journal, dessiner, cuisiner ou pratiquer un hobby créatif.
- Passer du temps avec des amis ou en famille en face-à-face.
  - En remplaçant les habitudes numériques par des activités enrichissantes, vous faciliterez le lâcher-prise vis-à-vis des écrans.

5. Observer les Effets

- Pendant la détox, notez les changements dans votre humeur, votre énergie et votre niveau de concentration. Cela vous permettra de constater les bienfaits de cette pratique.
- Si des pensées ou des pulsions de vérifier votre téléphone ou vos appareils surviennent, prenez un moment pour respirer profondément et revenir à votre activité sans écran.

6. Reprendre le Contrôle Progressivement

- À la fin de votre période de détox, réfléchissez aux habitudes numériques que vous souhaitez conserver ou limiter. Par exemple, éviter de consulter le téléphone le matin au réveil ou de limiter le temps passé sur certaines applications.
- Essayez de pratiquer régulièrement des mini-détox numériques, même si ce n'est que quelques heures chaque jour.

Conseils pour une Détox Numérique Durable :

- Utilisez un suivi de temps d'écran pour observer l'évolution de votre consommation et identifier les domaines où vous pourriez encore réduire.
- Établissez des plages horaires sans écran (par exemple, une heure avant de dormir et au réveil).
- Désignez des espaces sans écran dans votre maison, comme la chambre ou la salle à manger, pour renforcer le détachement.
- Avec le temps, la détox numérique aidera à réduire le stress et la dépendance aux appareils, à améliorer la qualité de vie et à retrouver une connexion plus forte avec le monde réel.
-

19. Lâcher prise par le silence

Consacrer 10 minutes par jour à rester en silence, loin des distractions.

Exercice : Lâcher Prise par le Silence

Objectifs :
- Le silence est un outil puissant pour lâcher prise, se recentrer et apaiser l'esprit. En se retirant du bruit extérieur et en s'accordant un moment de calme, on peut observer ses pensées, réduire le stress et laisser les préoccupations s'éloigner. Voici un exercice de lâcher-prise par le silence.

1. Créer un Espace de Silence

- Choisissez un endroit calme où vous ne serez pas dérangé(e), loin des distractions et des bruits.
- Si cela est possible, éteignez les appareils électroniques pour créer un environnement silencieux. Vous pouvez également utiliser des bouchons d'oreilles ou mettre une musique de fond douce si le silence complet est difficile à obtenir.

2. S'installer Confortablement

- Asseyez-vous ou allongez-vous dans une position confortable, les yeux fermés si cela est agréable pour vous.
- Prenez quelques respirations profondes pour vous détendre et relâcher les tensions dans votre corps.

3. Plonger dans le Silence

- Écoutez le silence qui vous entoure. Laissez-vous immerger dans ce calme sans chercher à faire quoi que ce soit de particulier.
- Lorsque des pensées surgissent, observez-les sans vous y attacher, comme si elles étaient des nuages traversant le ciel. Revenez simplement au silence chaque fois que votre esprit s'égare.

4. Observer les Sensations Intérieures

- Prenez conscience des sensations physiques et émotionnelles en vous, sans jugement ni analyse

- Observez si des tensions, des émotions ou des pensées se présentent. Accueillez-les simplement, en les laissant être, sans chercher à les résoudre ou à y réfléchir.

5. Se Libérer des Pensées

- Imaginez que chaque pensée ou émotion qui surgit est une feuille posée sur un ruisseau, qui dérive doucement au fil de l'eau. Laissez vos préoccupations s'éloigner de la même manière, en les observant sans vous y accrocher.
- Restez concentré(e) sur le silence entre chaque pensée. Avec le temps, cet espace silencieux deviendra plus grand et plus paisible.

6. Savourer le Calme Intérieur

- Une fois que vous vous sentez apaisé(e), profitez de cet état de silence intérieur sans rien attendre de plus.
- Restez dans cette tranquillité aussi longtemps que vous le souhaitez, en vous imprégnant de ce calme.

7. Terminer en Douceur

- Lorsque vous êtes prêt(e), prenez quelques respirations profondes et reconnectez-vous doucement à l'environnement autour de vous.
- Ouvrez les yeux lentement, en conservant le sentiment de paix et de lâcher-prise que vous avez cultivé.

Conseils pour Intégrer le Silence au Quotidien :

- Essayez de pratiquer cet exercice régulièrement, même pour quelques minutes, pour favoriser le lâcher-prise.
- Consacrez des moments de silence dans votre journée, par exemple le matin au réveil ou le soir avant de dormir.
- Rappelez-vous que le silence est un espace de ressourcement et de libération, où les préoccupations peuvent s'apaiser.
- En cultivant le silence, vous découvrirez un espace intérieur de calme et de sérénité qui vous aidera à lâcher prise et à vous reconnecter à l'essentiel.

20. Accepter l'imperfection

Se répéter que "tout ne doit pas être parfait" lorsque vous êtes pris dans une pensée perfectionniste.

Exercice : Accepter l'Imperfection

Objectifs :

- L'exercice d'accepter l'imperfection vise à nous libérer de la pression d'être toujours parfait et à cultiver une bienveillance envers soi-même. En reconnaissant que l'imperfection fait partie de la vie, on peut lâcher prise sur les attentes excessives et trouver un équilibre intérieur. Voici comment pratiquer cet exercice.

1. Observer ses Perceptions d'Imperfection

- Prenez un moment pour réfléchir à une situation récente où vous vous êtes jugé(e) sévèrement pour ne pas avoir atteint la perfection.
- Écrivez cette situation et notez pourquoi vous avez ressenti le besoin d'être parfait(e) ou performant(e) dans ce contexte. Demandez-vous si cet objectif était réaliste.

2. Redéfinir la Perfection

- Posez-vous la question : « Qu'est-ce que la perfection signifie pour moi, et est-elle réellement atteignable ? »
- Reconnaissez que l'imperfection est naturelle et fait partie de toute croissance personnelle. Considérez l'idée que ce sont souvent nos imperfections qui nous rendent uniques et humains.

3. Remplacer les Jugements par de la Bienveillance

- Identifiez les pensées critiques que vous avez envers vous-même concernant cette imperfection. Par exemple : « Je n'ai pas été assez bon(ne) », « J'aurais dû faire mieux ».
- Transformez chaque pensée en une affirmation bienveillante. Par exemple :
- « J'ai fait de mon mieux, et cela suffit. »
- « J'apprends et je grandis à travers chaque expérience, même imparfaite. »
- « J'accepte que la perfection ne soit pas nécessaire pour avancer. »

4. Pratiquer l'Autocompassion

- ▫ Fermez les yeux, respirez profondément et répétez doucement une affirmation de compassion envers vous-même, comme :
- - « Je m'accepte tel(le) que je suis, avec mes forces et mes imperfections. »
- - « Mes imperfections font partie de mon parcours et de mon évolution. »
- ▫ Sentez la bienveillance que vous vous offrez, sans chercher à éliminer vos imperfections mais en les accueillant comme faisant partie de vous.

5. Prendre un Engagement Réaliste

- ▫ Engagez-vous envers vous-même à pratiquer l'acceptation de l'imperfection au quotidien. Par exemple, décidez de ne plus vous critiquer pour chaque petite erreur ou de ne pas exiger de vous-même plus que de raison.
- ▫ Notez cet engagement en tant que rappel pour les moments futurs où vous pourriez retomber dans le perfectionnisme.

6. Conclure avec Gratitude

- ▫ Prenez un moment pour vous remercier d'avoir effectué cet exercice et d'avoir cultivé l'acceptation de vous-même.
- ▫ Notez au moins trois choses pour lesquelles vous êtes reconnaissant(e), même si elles ne sont pas parfaites, mais qui vous apportent de la joie ou du réconfort.

Conseils pour Intégrer l'Acceptation de l'Imperfection au Quotidien :

- Pratiquez la gratitude régulièrement pour reconnaître les aspects positifs de votre vie sans qu'ils soient parfaits.
- Lorsque vous vous surprenez à être critique, rappelez-vous que l'imperfection est une opportunité d'apprentissage.
- Laissez de la place aux erreurs dans votre vie comme faisant partie intégrante du parcours humain.
- Cet exercice vous aidera à alléger la pression de la perfection et à apprécier la beauté de l'imperfection. Avec le temps, vous cultiverez une relation plus douce et plus bienveillante envers vous-même.

.

2. Exercices pour lâcher-prise dans les relations

21. Écoute active

Lors de vos conversations, concentrez-vous uniquement sur écouter, sans interrompre.

Exercice : "L'écoute sans interruption"

Objectifs :

- Cet exercice aide à développer la patience, l'attention et la capacité de laisser l'autre s'exprimer sans jugement ni intervention. Cela favorise une communication plus empathique et respectueuse.
- Cet exercice peut également être fait avec des variations comme résumer les émotions perçues, poser des questions ouvertes ou reformuler les propos de manière bienveillante.

1. Préparation

- Choisissez un binôme. Un membre du duo sera le "parleur" et l'autre sera l'"écoutant." Fixez un temps de 5 minutes pour cet exercice.

2. Le rôle du "parleur"

- Pendant 5 minutes, le "parleur" va parler d'un sujet personnel ou d'une expérience récente. Cela peut être une préoccupation, une joie, un stress, ou même un sujet de réflexion. Le "parleur" doit s'exprimer librement, sans se préoccuper de la réaction de son interlocuteur.

3. Le rôle de l'"écoutant"

- L'écoutant doit écouter attentivement, sans interrompre. Pendant cette phase, il ne doit ni prodiguer de conseils ni exprimer ses propres opinions. L'objectif est de se concentrer totalement sur les paroles, les émotions et le langage corporel du parleur.

4. Répéter ou clarifier (optionnel)

- À la fin des 5 minutes, l'écoutant peut répéter ce qu'il a entendu où poser une question pour clarifier, sans ajouter de jugement ou d'opinion.

5. Changer de rôle

- Ensuite, inversez les rôles pour que chaque personne puisse pratiquer l'écoute active.

6. Discussion et feedback

- À la fin de l'exercice, discutez de l'expérience. Comment vous êtes-vous senti dans le rôle de l'écoutant ? Était-il difficile de ne pas interrompre ? En tant que parleur, vous êtes-vous senti écouté et compris ?

22. Accepter les différences

Rappelez-vous que chacun a une perspective unique et acceptez les différences.

Exercice : "Le Cercle des différences"

Objectifs :

- Cet exercice aide à prendre conscience que chacun a ses propres différences et à apprendre à les respecter. En écoutant les autres sans jugement, on s'ouvre à une compréhension plus profonde de ce qui rend chaque personne unique, favorisant ainsi l'acceptation et l'empathie.

□ C'est un moyen de transformer les différences en richesses et de développer une meilleure cohésion dans les relations.

1. Préparation

□ Formez un cercle avec un groupe de participants. Cet exercice fonctionne mieux avec un groupe diversifié, mais il peut être réalisé avec des personnes de tout horizon.

2. Phase de réflexion individuelle

□ Demandez à chaque participant de réfléchir pendant quelques minutes sur une ou plusieurs caractéristiques qui les rendent uniques ou différentes des autres (par exemple, leur culture, leurs croyances, leurs talents, leur parcours, ou leur manière de voir le monde).

3. Partage en cercle

□ Chaque personne, à tour de rôle, partage ses différences et ce qu'elles signifient pour elle. Il peut s'agir de différences visibles (physiques) ou invisibles (croyances, valeurs, etc.). L'idée est d'exprimer ce qui fait de chacun un individu unique.

4. Écoute et acceptation

□ Pendant que chaque personne partage, les autres écoutent attentivement, sans jugement. L'objectif est de rester ouvert, même si certains points de vue ou expériences semblent étrangers ou inconfortables.

Personne ne doit interrompre ni commenter directement.

5. Phase de questionnement respectueux (facultatif)

◻ Une fois que chacun a partagé, vous pouvez ouvrir un moment pour poser des questions respectueuses pour mieux comprendre les expériences ou perspectives de chacun.

6. Discussion en groupe

◻ Pour conclure l'exercice, discutez de ce que vous avez ressenti en entendant les autres. Y avait-il des similitudes auxquelles vous ne vous attendiez pas ? Comment percevez-vous les différences maintenant ? Qu'est-ce que cet exercice a changé dans votre façon de voir les autres ?

23. Apprendre à dire non

Dites "non" aux engagements qui ne vous conviennent pas.

Exercice : "Le Non Progressif"

Objectifs :

◻ Cet exercice vous aidera à respecter vos propres besoins et limites tout en maintenant des relations saines avec les autres.

1. Identifiez une situation simple :

- Commencez par une situation peu risquée où dire "non" n'a pas de conséquences majeures. Par exemple, si quelqu'un vous demande un petit service qui ne vous arrange pas, ou un collègue qui vous propose de sortir alors que vous préférez rester chez vous.

2. Formulez un "non" clair et respectueux :

- Préparez votre réponse en avance, pour que votre "non" soit calme, simple et direct. Voici quelques exemples :
- "Merci, mais je préfère ne pas le faire."
- "Je suis flatté que tu penses à moi, mais je vais devoir décliner."
- "Ce n'est pas possible pour moi en ce moment."

3. Ajoutez une explication (facultatif) :

- Si cela vous met plus à l'aise, vous pouvez ajouter une courte explication. Toutefois, gardez-la simple pour éviter de justifier votre refus. Par exemple :
- "Non, je suis déjà pris ailleurs."
- "Je ne me sens pas disponible pour ça en ce moment."

4. Restez cohérent et ne vous justifiez pas davantage :

- Après avoir dit "non", restez ferme. Ne cherchez pas d'excuses supplémentaires. Plus vous ajoutez des explications, plus l'autre personne pourra chercher à vous faire changer d'avis.

5. Évaluez vos émotions :

- Après avoir pratiqué, prenez un moment pour analyser comment vous vous sentez. La première fois peut sembler inconfortable, mais vous gagnerez en assurance en répétant l'exercice.

6. Augmentez la difficulté progressivement :

- Au fur et à mesure que vous vous sentez à l'aise, pratiquez avec des situations plus importantes. Cela renforcera votre capacité à dire "non" même dans des situations plus difficiles.

24. Observer les émotions des autres

Observez les émotions des autres sans chercher à les contrôler ou les changer.

Exercice : "L'Observation Empathique"

Objectifs :

- Cet exercice vous permettra non seulement de mieux comprendre les autres, mais aussi de créer des liens plus profonds et de répondre aux émotions d'autrui de façon empathique.

1. Choisissez une personne à observer :

- Commencez par une personne avec qui vous êtes souvent en interaction (un collègue, un ami, un membre de la famille) ou même un groupe de personnes dans un lieu public.

2. Concentrez-vous sur leurs expressions faciales :

- Observez les micro-expressions : des petits mouvements du visage qui peuvent trahir une émotion. Remarquez les sourcils, les yeux, la bouche. Par exemple :
- Un léger froncement de sourcils peut indiquer de l'inquiétude.
- Des yeux plissés et un sourire authentique montrent souvent de la joie.

3. Observez le langage corporel :

- Notez la posture, les gestes et la position des mains ou des pieds.
- Une personne qui croise les bras ou se recule peut ressentir de la fermeture ou de la méfiance.
- Des mouvements de mains nerveux ou un pied qui tape indiquent souvent de l'anxiété ou de l'impatience.

4. Portez attention au ton de la voix :

- Le ton, le rythme, le volume et les pauses dans la voix d'une personne sont révélateurs. Par exemple :
- Une voix tremblante peut trahir de l'émotion ou de l'anxiété.
- Un ton lent et calme peut signifier de la sérénité ou de la réflexion.

5. Faites une hypothèse sans jugement :

  ▫ Essayez de deviner ce que la personne pourrait ressentir sans émettre de jugement ou d'interprétation hâtive. Par exemple : "Je remarque que cette personne semble inquiète" plutôt que "Elle est trop nerveuse".

6. Pratiquez l'empathie :

  ▫ Mettez-vous dans la peau de cette personne. Que ressentiriez-vous si vous étiez à sa place ? Cela vous aide à mieux comprendre l'émotion.

7. Vérifiez, si possible :

  ▫ Si la situation le permet, vous pouvez demander de façon subtile et bienveillante : "Je ressens que tu sembles préoccupé, est-ce que je me trompe ?" Cela vous aide à vérifier vos observations et améliore votre compréhension.

25. Relâcher le besoin d'avoir raison

Lors d'un conflit, décidez de ne pas chercher à avoir raison, mais de comprendre l'autre.

Exercice : "Lâcher la Certitude"

Objectifs :

- En répétant cet exercice, vous relâchez progressivement le besoin de toujours avoir raison, ce qui vous aide à développer une plus grande acceptation et tolérance envers vous-même et les autres.

1. Prenez conscience de la situation :

- La prochaine fois que vous vous trouvez dans une discussion où vous sentez le besoin de prouver votre point de vue, arrêtez-vous un instant. Prenez une grande inspiration et notez ce que vous ressentez physiquement et émotionnellement. Est-ce de la frustration, de l'impatience, de la tension ?

2. Posez-vous la question du "pourquoi" :

- Demandez-vous pourquoi il est important pour vous d'avoir raison dans cette situation. Est-ce pour vous rassurer ? Pour obtenir l'approbation des autres ? Pour éviter de vous sentir vulnérable ? Identifier la raison vous aide à comprendre votre besoin.

3. Expérimentez avec la phrase "Peut-être que j'ai tort" :

- Dans votre esprit, répétez doucement : "Peut-être que j'ai tort, et c'est bien ainsi." Cette phrase invite à accepter que votre perspective ne soit qu'une possibilité parmi d'autres. Cela vous aide à relâcher l'attachement à votre propre point de vue.

4. Écoutez l'autre attentivement :

- Plutôt que de préparer vos arguments, concentrez-vous sur l'écoute active de ce que dit l'autre personne. Essayez de comprendre son point de vue et ce qui l'anime. Vous pouvez même lui poser des questions pour approfondir sa vision. Cette ouverture allège le besoin de convaincre.

5. Acceptez l'idée qu'il peut y avoir plusieurs vérités :

- Dans de nombreuses situations, il n'existe pas de vérité absolue. Rappelez-vous qu'il est possible que chaque personne ait des points de vue valables. Accepter cette pluralité de perspectives vous aide à lâcher prise sur le besoin d'avoir raison.

6. Pratiquez la gratitude intérieurement :

- À la fin de la conversation, remerciez mentalement l'autre personne pour son point de vue, même si vous n'êtes pas d'accord. Cela renforce l'idée que chaque échange est une opportunité d'apprendre et non une bataille à gagner.

7. Prenez un moment pour évaluer votre ressenti :

- Après avoir lâché le besoin d'avoir raison, notez comment vous vous sentez. Vous pourriez ressentir un certain soulagement, une baisse de tension, voire une ouverture d'esprit plus grande.

26. Pratiquer l'empathie

Mets-vous à la place des autres pour comprendre leur point de vue.

Exercice : "La Posture Empathique"

Objectifs :

- Pratiquer l'empathie consiste à se connecter aux émotions des autres tout en les respectant et sans jugement. Avec cet exercice, vous développez une écoute plus profonde et une connexion humaine plus authentique. La personne en face de vous se sentira comprise et, en même temps, vous gagnerez en bienveillance et en compréhension des autres.

1. Choisissez une personne à observer :

- Commencez par une personne avec qui vous interagissez régulièrement (un collègue, un ami ou un membre de la famille). L'objectif est de mieux comprendre son état émotionnel dans l'instant, même si vous n'êtes pas d'accord avec son point de vue.

2. Écoutez sans interrompre :

- Dans une conversation, concentrez-vous uniquement sur ce que la personne dit, sans penser à votre réponse ou jugement. Laissez-là s'exprimer pleinement et accueillez ses mots avec une écoute attentive. Vous pouvez hocher la tête ou utiliser des expressions pour montrer que vous suivez (comme "je vois" ou "d'accord").

3. Identifiez l'émotion derrière les mots :

- Essayez de repérer l'émotion principale qu'elle exprime : est-elle triste, joyeuse, stressée, frustrée, excitée ?

L'identifier vous aide à comprendre comment elle se sent sans chercher à la "corriger" ou lui apporter de solution immédiate.

4. Pratiquez la reformulation empathique :

- Répétez ce que vous avez compris de manière bienveillante. Par exemple, si la personne semble frustrée, vous pouvez dire : "J'entends que cette situation est vraiment difficile pour toi et que cela te frustre." Cela permet à l'autre de se sentir compris et validé.

5. Mettez-vous dans sa peau :

- Imaginez ce que vous ressentiriez si vous étiez dans sa situation, avec ses expériences et son point de vue. Cela ne signifie pas que vous êtes d'accord avec elle, mais que vous comprenez pourquoi elle peut ressentir ce qu'elle ressent.

6. Posez une question ouverte pour approfondir :

- Montrez que vous êtes vraiment intéressé en posant une question ouverte qui lui permet d'exprimer davantage ses pensées. Par exemple : "Comment est-ce que tu vis cela au quotidien ?" ou "Qu'est-ce qui te semble le plus important ici ?"

7. Pratiquez l'autoréflexion après la conversation :

- Prenez un moment pour vous demander ce que cet échange a suscité en vous. Comment vous sentez-vous ? Avez-vous ressenti de la compassion, de la patience ?

Cela vous permet de mieux comprendre votre propre posture empathique et de la renforcer.

▫

27. Lettre de pardon

Écrivez une lettre de pardon (que vous n'envoyez pas) à une personne qui vous a blessé.

Exercice : "La Lettre de Pardon"

Objectifs :

▫ Cet exercice vous permet de libérer des émotions bloquées et de faire la paix avec vous-même ou avec quelqu'un d'autre. Le pardon n'est pas toujours facile, mais il peut apporter une réelle sérénité intérieure et une plus grande liberté émotionnelle.

1. Préparez-vous à l'écriture

▫ Trouvez un endroit calme où vous pourrez écrire sans être interrompu. Prenez quelques respirations profondes et permettez-vous de ressentir ce qui remonte à la surface sans jugement. Prenez votre temps.

2. Adressez la lettre

▫ Commencez la lettre en l'adressant à la personne concernée. Cela peut être une autre personne, mais cela peut aussi être vous-même. Écrivez son nom, ou simplement "À moi-même" si c'est vous que vous souhaitez pardonner.

3. Exprimez vos sentiments avec sincérité

- Dans le premier paragraphe, exprimez ce que vous ressentez honnêtement. Soyez aussi précis que possible sur les événements, actions, ou mots qui ont déclenché votre blessure ou frustration. Par exemple :
- "Je t'écris pour te parler de ce que j'ai ressenti quand…"
- "Je réalise que j'ai gardé en moi des émotions depuis que…"
- Soyez authentique, même si cela implique des émotions de colère, de tristesse ou de frustration. Ce processus est l'occasion d'exprimer tout ce que vous avez gardé en vous.

4. Prenez conscience de l'impact de ces émotions

- Expliquez en quoi ces émotions ou ressentiments ont affecté votre vie. Ont-ils contribué à des sentiments de tristesse, d'anxiété, ou de colère ? Ont-ils impacté votre bien-être ou vos relations avec les autres ? Prenez le temps de nommer ces effets.

5. Exprimez votre volonté de lâcher prise

- Lorsque vous êtes prêt, écrivez une phrase où vous exprimez votre volonté de pardonner ou de libérer cette charge. Par exemple :
- "Aujourd'hui, je choisis de libérer cette douleur et de te pardonner."

- "Je me pardonne pour cette expérience, et je choisis de la laisser aller."
  - ▫ Vous pouvez aussi inclure ici votre désir de guérir et d'avancer, même si cela ne signifie pas nécessairement oublier ou excuser. Pardonner, dans ce cas, signifie simplement lâcher prise sur la charge émotionnelle.

6. Terminez avec une phrase positive :

- ▫ Concluez la lettre par une phrase de bienveillance, pour la personne ou pour vous-même. Par exemple :
- "Je te souhaite d'avancer avec paix et compassion."
- "Je choisis de m'offrir la paix et de laisser ce passé derrière moi."

7 : Relisez la lettre ou déchirez-la

- ▫ Vous pouvez relire cette lettre et, si cela vous semble juste, la garder en souvenir de votre cheminement. Vous pouvez aussi la brûler ou la déchirer en signe symbolique de libération et de pardon.

28. Lâcher prise sur le contrôle des autres

Laissez chaque personne être elle-même, sans essayer de contrôler ses actions ou réactions.

Exercice : "Observer sans Agir"

Objectifs :

- Cet exercice vous aidera à accepter l'indépendance des autres et à faire confiance à leur propre jugement. Relâcher le contrôle apporte de la sérénité et vous permet de mieux respecter les choix de chacun, contribuant ainsi à des relations plus authentiques et équilibrées.

1. Prenez conscience de votre désir de contrôle :

- La prochaine fois que vous vous surprenez à vouloir influencer ou diriger les actions, les pensées ou les émotions d'une autre personne, arrêtez-vous un moment. Posez-vous la question : "Pourquoi ai-je besoin qu'elle agisse de cette manière ?" Notez les raisons qui vous viennent, sans jugement.

2. Identifiez les peurs sous-jacentes :

- Bien souvent, le besoin de contrôle naît de peurs profondes (peur du rejet, peur de l'échec, peur que les choses ne se passent pas "correctement"). Essayez d'identifier quelles peurs sont derrière votre besoin de contrôle. Par exemple : "J'ai peur qu'elle ne réussisse pas, et je veux l'aider." Reconnaître ces peurs permettent de mieux comprendre vos réactions.

3. Visualisez l'indépendance de l'autre :

- Imaginez la personne en train de vivre sa propre expérience, avec ses réussites et ses erreurs, sans votre intervention. Essayez de la voir comme un individu autonome, capable de faire ses propres choix. Cela peut vous aider à accepter qu'elle soit libre de ses décisions.

- Chaque fois que vous ressentez l'envie de contrôler, répétez-vous intérieurement : "Je lui fais confiance pour trouver sa propre voie." Cette phrase simple vous aide à lâcher prise et à renforcer la confiance en l'autre.

4. Posez-vous en soutien, pas en guide :

- Plutôt que d'offrir des conseils ou de vouloir diriger, proposez votre soutien. Par exemple, vous pouvez dire : "Je suis là si tu as besoin d'en parler" ou "Je te fais confiance pour prendre la meilleure décision pour toi." Cela montre que vous êtes présent sans imposer votre vision.

5. Pratiquez le lâcher-prise dans des situations sans enjeu :

- Commencez avec des situations où le contrôle n'a pas de conséquences majeures (par exemple, sur la manière dont quelqu'un organise son quotidien ou sur ses goûts personnels). Cela vous aide à vous habituer au sentiment de laisser l'autre être lui-même, même si cela diffère de vos attentes.

6. Faites une évaluation après chaque situation :

- Notez comment vous vous sentez après avoir lâché prise. Ressentez-vous du soulagement, de la liberté, ou de l'anxiété ? En pratiquant régulièrement, vous commencerez à constater les bienfaits d'un relâchement du contrôle, tant pour vous que pour la relation.

29. Prendre de la distance

Si une relation est toxique, prenez du recul pour se protéger émotionnellement.

Exercice : "L'Observation Détachée"

Objectifs :

- Cet exercice vous permet de développer une posture de calme et de maîtrise de vous-même face aux situations ou aux personnes qui habituellement vous atteignent émotionnellement. À mesure que vous répétez l'exercice, vous constaterez que prendre de la distance devient plus facile et que votre paix intérieure se renforce.

1. Identifiez une situation ou une personne difficile :

- Choisissez une situation ou une personne avec qui vous avez du mal à garder votre calme ou à éviter de vous impliquer émotionnellement. Cela pourrait être une dispute récente, un collègue stressant, ou même un événement qui vous perturbe.

2. Visualisez une barrière mentale :

- Fermez les yeux et imaginez une barrière transparente entre vous et cette situation ou personne. Cette barrière est là pour vous protéger sans bloquer la communication ; elle permet simplement de créer une séparation mentale. Cette visualisation aide à réduire l'impact émotionnel tout en restant présent.

3. Pratiquez la respiration consciente :

- Prenez quelques respirations profondes pour calmer votre esprit et réduire la tension dans votre corps. Concentrez-vous sur le rythme de votre respiration, en inspirant et expirant lentement, et imaginez que chaque expiration relâche un peu de l'attachement émotionnel que vous ressentez.

4. Adoptez le rôle d'observateur :

- Imaginez que vous êtes un observateur extérieur, comme si vous regardiez la situation se dérouler dans un film. Notez les faits sans émettre de jugement ni vous laisser emporter. Par exemple : "Je remarque que cette personne parle fort" ou "Je vois que je ressens de la frustration." Cela vous permet de prendre de la distance émotionnelle.

5. Concentrez-vous sur votre centre intérieur :

- Ramenez votre attention vers vous-même et répétez une affirmation de calme, comme "Je choisis de rester calme et centré" ou "Je suis en paix avec ce qui m'entoure." Cela vous aide à recentrer votre énergie et à ne pas la laisser être absorbée par l'extérieur.

6. Réfléchissez avant de réagir :

- Si la situation exige une réponse, prenez un moment pour réfléchir à une réponse calme et posée. Essayez de répondre plutôt que de réagir instinctivement. Cette prise de recul permet de répondre de façon plus équilibrée.

7. Pratiquez le détachement après coup :

- Une fois la situation passée, prenez quelques minutes pour noter ce que vous avez ressenti. Cela vous aide à évaluer votre capacité à prendre de la distance et à observer vos progrès dans le détachement émotionnel.

30. Exercice de non-réactivité

Choisir de ne pas réagir émotionnellement lors d'une situation tendue.

Exercice : "La Pause Réflexive"

Objectifs :

- Cet exercice vous apprend à observer et à modérer vos réactions émotionnelles. Avec le temps et la pratique, la non-réactivité devient un réflexe, vous permettant de rester centré et calme dans des situations habituellement stressantes ou déclenchantes.

1. Identifiez les déclencheurs :

- Réfléchissez aux situations où vous avez tendance à réagir de façon impulsive ou émotionnelle (par exemple, face à une critique, une remarque désagréable, ou une situation stressante). Prendre conscience de ces déclencheurs vous aide à anticiper et à mieux vous préparer.

2. Pratiquez la respiration consciente :

- La prochaine fois que vous sentez une montée d'émotion, prenez une grande inspiration profonde. Concentrez-vous sur votre respiration en inspirant et expirant lentement, ce qui permet d'apaiser le système nerveux et de calmer l'esprit.

3. Créez un espace mental :

- Imaginez que vous mettez un "espace" entre la situation et votre réaction. Cela signifie que vous n'êtes pas obligé de répondre immédiatement. Cet espace symbolique vous permet de choisir votre réponse plutôt que de réagir automatiquement.

4. Observez l'émotion sans y adhérer :

- Notez l'émotion que vous ressentez (colère, frustration, tristesse, etc.) sans la laisser vous envahir. Dites-vous : "Je ressens de la colère" ou "Je remarque de la frustration." En nommant l'émotion, vous l'objectivisez et vous réduisez son intensité.

5. Répétez une affirmation de calme :

- Choisissez une affirmation courte et apaisante à répéter mentalement, comme "Je garde mon calme" ou "Je choisis de ne pas réagir." Cette affirmation vous aide à rester ancré et à ne pas vous laisser emporter par l'émotion.

6. Répondez avec bienveillance (ou choisissez de ne pas répondre) :

- Si une réponse est nécessaire, formulez-la avec calme et bienveillance. Sinon, choisissez de ne pas répondre du tout si cela est approprié. Parfois, le simple fait de ne pas réagir est la meilleure option pour préserver votre paix intérieure.

7. Prenez un moment pour vous auto-évaluer :

- Après la situation, prenez un instant pour noter ce que vous avez ressenti et comment vous avez réussi à garder votre calme. Cet auto-bilan vous permet de suivre vos progrès et d'ajuster votre approche de la non-réactivité.

3. Exercices pour lâcher-prise dans le travail

31. Pause méditative au travail

Prendre une pause de 5 minutes pour méditer et relâcher le stress accumulé.

Exercice : "La Pause de 5 Minutes"

Objectifs :

- La pause méditative est un exercice court mais puissant qui permet de recentrer votre esprit et de vous ancrer dans le moment présent, même au milieu d'une journée chargée. Cet exercice peut être pratiqué plusieurs fois par jour pour vous recentrer et réduire le stress. Avec le temps, cette pause méditative deviendra un réflexe bénéfique pour retrouver la paix intérieure dans toutes les situations.

1. Trouvez un endroit calme :

- Cherchez un endroit où vous pouvez vous isoler un instant. Cela peut être votre bureau, un banc dans un parc, ou même dans votre voiture. Assurez-vous d'être assis confortablement, les pieds bien ancrés au sol, le dos droit et les mains posées sur vos genoux.

2. Fermez les yeux et respirez profondément :

- Fermez doucement les yeux pour vous déconnecter des distractions visuelles. Prenez trois grandes inspirations profondes, en inspirant par le nez et en expirant par la bouche. Laissez vos épaules se relâcher à chaque expiration

□ 3. Concentrez-vous sur votre respiration :

□ Ramenez votre attention sur le rythme naturel de votre respiration. Observez l'air qui entre et qui sort de vos narines, le mouvement de votre poitrine ou de votre ventre. Si votre esprit commence à vagabonder, revenez simplement à votre respiration sans vous juger.

4. Pratiquez la technique des 4-4-4-4 :

□ Respirez en suivant ce rythme : inspirez pendant 4 secondes, retenez votre souffle pendant 4 secondes, expirez pendant 4 secondes, puis restez en pause sans respirer pendant 4 secondes. Répétez ce cycle trois à cinq fois pour approfondir la sensation de calme.

5. Élargissez votre conscience :

□ Après quelques respirations, élargissez doucement votre conscience en prenant note des sensations de votre corps, du sol sous vos pieds, de l'air sur votre peau, des bruits environnants sans y attacher de jugement. Laissez tout cela être sans essayer de le modifier.

6. Terminez avec une intention positive :

□ Avant de finir, prenez une dernière grande inspiration et, en expirant, formulez une intention positive pour la suite de votre journée, par exemple : "Je choisis d'aborder la suite de ma journée avec calme et clarté.

7. Revenez progressivement :

- Ouvrez lentement les yeux et prenez quelques instants pour ressentir les bienfaits de cette pause méditative. Notez comment vous vous sentez physiquement et mentalement. Cette courte pause vous aidera à revenir à vos activités avec un esprit plus serein.

32. Prioriser les tâches

Apprendre à prioriser tes tâches et à lâcher prise sur ce qui n'est pas essentiel.

Exercice : "La Matrice d'Eisenhower"

Objectifs :

- Prioriser les tâches aide à rester concentré et productif en se concentrant sur ce qui est réellement important. La méthode de la matrice d'Eisenhower est une technique simple mais efficace pour classer vos tâches en fonction de leur importance et de leur urgence. Cet exercice vous aide à être plus intentionnel dans votre organisation, à concentrer votre énergie sur les tâches qui comptent vraiment, et à réduire le stress lié aux urgences. Avec le temps, cela vous permettra de travailler plus efficacement et d'atteindre vos objectifs sans vous sentir submergé.

1. Listez toutes vos tâches :

▫ Prenez une feuille de papier ou ouvrez une page de votre carnet, et notez toutes les tâches que vous devez accomplir, grandes ou petites. Cela peut être des tâches personnelles, professionnelles ou autres.

2. Classez les tâches en quatre catégories :

▫ Divisez votre page en quatre carrés égaux, ou dessinez un tableau 2x2, pour créer une matrice. Chaque carré correspond à une catégorie :

-Urgent et important : Tâches à faire immédiatement.

-Important mais pas urgent : Tâches à planifier pour plus tard.

-Urgent mais pas important : Tâches que vous pouvez déléguer ou traiter rapidement

-

Ni urgent ni important : Tâches qui peuvent être reportées ou éliminées.

3. Placez chaque tâche dans la matrice :

▫ Prenez chaque tâche de votre liste et placez-la dans le carré correspondant de la matrice. Soyez honnête sur son niveau de priorité. Demandez-vous si elle est vraiment importante pour vos objectifs à long terme, ou si elle est simplement urgente en apparence.

4. Fixez des actions pour chaque catégorie :

▫ Pour les tâches urgentes et importantes, commencez à les faire en premier. Ce sont souvent des tâches avec des délais serrés et un fort impact.

- Pour les tâches importantes mais pas urgentes, planifiez des créneaux spécifiques dans votre agenda. Ce sont souvent des tâches de fond qui contribuent à vos objectifs à long terme.
- Pour les tâches urgentes mais pas importantes, déléguez-les si possible. Si cela n'est pas envisageable, essayez de les faire rapidement sans y consacrer trop d'énergie.
- Pour les tâches ni urgentes ni importantes, envisagez de les éliminer ou de les remettre à plus tard, surtout si elles n'apportent pas de valeur ajoutée.

5. Évaluez et ajustez :

- À la fin de chaque journée ou semaine, prenez quelques minutes pour évaluer vos priorités. Certaines tâches peuvent changer de catégorie en fonction de vos progrès et de nouvelles urgences.

6. Faites un point régulier :

- Revisitez la matrice au moins une fois par semaine pour ajuster les priorités en fonction de votre charge de travail actuelle et des nouveaux projets.

33. Définir des limites claires

Fixez des limites de temps pour ne pas être surchargé par le travail.

Exercice : "Les Limites Bienveillantes"

Objectifs :

- Définir des limites claires est essentiel pour préserver votre bien-être et gérer vos relations de manière saine. Cet exercice vous aidera à instaurer des relations plus équilibrées et respectueuses, où vos besoins sont pris en compte. Avec le temps, vous gagnerez en assurance et en sérénité, tout en respectant les autres et en vous respectant vous-même.

1. Identifiez vos limites :

- Réfléchissez aux situations dans lesquelles vous vous êtes senti mal à l'aise, épuisé, ou stressé. Prenez un moment pour noter ce qui vous met mal à l'aise dans vos relations, votre travail, ou votre vie personnelle. Par exemple : "Je me sens fatigué quand on m'appelle après 21h" ou "Je n'aime pas être interrompu pendant mes moments de repos."

2. Définissez des limites pour chaque domaine de vie :

- En fonction des situations identifiées, précisez vos limites pour chaque domaine : professionnel, personnel, familial, etc. Par exemple :
-Professionnel : "Je ne réponds pas aux courriels professionnels après 18h."
- Personnel : "Je refuse les invitations de dernière minute si je suis fatigué."
-Familial : "Je limite les visites familiales à une fois par semaine.

3. Formulez vos limites avec bienveillance :

- La manière dont vous communiquez vos limites est cruciale. Utilisez des phrases affirmatives, claires et bienveillantes. Par exemple :
- "J'ai besoin de temps pour me ressourcer en soirée, donc je préfère éviter les appels après 21h.
- "Pour être plus concentré et productif, je préfère ne pas être interrompu pendant mes heures de travail."

4. Anticipez les réactions des autres :

- Certaines personnes peuvent être surprises ou même déçues de vos limites. Préparez-vous à répondre de manière calme et ferme si nécessaire. Par exemple :
- "Je comprends que cela puisse te surprendre, mais c'est important pour moi de me reposer."
- "Merci de respecter mon choix, cela m'aide à rester en forme."

5. Pratiquez l'affirmation de vos limites :

- Commencez par des situations simples où il est plus facile de poser des limites. Avec le temps, élargissez cet exercice à des situations plus délicates. Vous pouvez même vous entraîner devant un miroir pour prendre confiance

6. Réajustez si nécessaire :

- Vos limites peuvent évoluer avec le temps et les circonstances. Faites régulièrement un point pour ajuster vos limites en fonction de vos besoins actuels. Demandez-vous si certaines limites doivent être renforcées, relâchées, ou redéfinies.

7. Respectez vos propres limites :

- □ La clé est de vous rappeler que ces limites sont là pour vous protéger. Si vous ne respectez pas vos propres limites, les autres auront tendance à ne pas les respecter non plus. Soyez le premier à les honorer.

34. Éviter le multitâche

Concentrez-vous sur une tâche à la fois pour éviter le surmenage.

Exercice : "La Tâche Unique"

Objectifs :

- □ Le multitâche peut sembler efficace, mais il réduit souvent notre concentration et augmente le stress. Cet exercice vous aide à travailler plus efficacement et avec plus de satisfaction en accomplissant une tâche à la fois. Avec la pratique, vous réduirez la tentation de faire du multitâche, augmenterez votre concentration, et finirez votre journée avec un sentiment d'accomplissement.

1. Listez vos tâches pour la journée :

- Au début de la journée, écrivez toutes les tâches que vous devez accomplir. Essayez d'être aussi précis que possible, en séparant les tâches en étapes concrètes si elles sont complexes.

2. Classez les tâches par ordre de priorité :

- Identifiez les tâches les plus importantes ou urgentes. Vous pouvez utiliser la matrice d'Eisenhower (Important/Urgent) pour cela ou simplement classer vos tâches par priorité.

3. Choisissez une tâche à accomplir :

- Prenez la première tâche prioritaire et engagez-vous à ne faire que cette tâche jusqu'à son achèvement. Placez la liste des autres tâches hors de vue pour ne pas être tenté de les commencer.

4. Mettez un minuteur pour des sessions de travail concentrées :

- Utilisez la technique Pomodoro en réglant un minuteur sur 25 minutes de travail ininterrompu, puis faites une pause de 5 minutes. Pendant ces 25 minutes, concentrez-vous uniquement sur la tâche choisie.

5. Évitez les distractions :

- Fermez les onglets et les applications qui ne sont pas nécessaires à votre tâche, éteignez les notifications sur votre téléphone et votre ordinateur. Si vous pensez à quelque chose que vous devez faire, notez-le rapidement sur un bloc-notes pour y revenir plus tard.

6. Évaluez vos progrès après chaque session :

- Après chaque session de travail, faites un bref point. Avez-vous terminé la tâche ? Sinon, évaluez combien de temps supplémentaire vous pensez avoir besoin et recommencez une nouvelle session si nécessaire.

7. Passez à la tâche suivante uniquement quand la première est terminée :

- Ne commencez jamais une nouvelle tâche avant d'avoir terminé celle en cours. Célébrez chaque tâche achevée, même la plus petite, pour renforcer votre satisfaction et motivation.

8. Faites un bilan en fin de journée :

- À la fin de la journée, prenez quelques minutes pour évaluer comment vous vous êtes senti en pratiquant la tâche unique. Avez-vous constaté une meilleure productivité ou moins de stress ? Notez vos observations pour ajuster votre pratique.

-

35. Lâcher prise sur la perfection

Acceptez que chaque tâche ne doive pas être parfaite, mais simplement bien faite.

Exercice : "La Perfection Bienveillante"

Objectifs :

- Lâcher prise sur la perfection permet de réduire le stress et d'accepter que tout ne doit pas être parfait pour être satisfaisant. Cet exercice vous aide à reconnaître que la perfection n'est pas nécessaire pour produire un travail de qualité. Avec la pratique, vous apprendrez à accepter les imperfections et à ressentir plus de satisfaction dans ce que vous accomplissez, même si ce n'est pas parfait.

1. Identifiez une tâche ou un projet où vous recherchez la perfection :

- Choisissez une tâche, un projet ou un domaine dans lequel vous avez tendance à être perfectionniste. Par exemple, cela pourrait être un travail professionnel, une activité créative ou une tâche domestique.

2. Demandez-vous pourquoi la perfection est importante pour vous :

- Réfléchissez à ce que vous espérez atteindre en visant la perfection. Est-ce pour obtenir l'approbation des autres ? Pour éviter la critique ? Pour renforcer votre propre estime de vous-même ? Identifier la source de ce perfectionnisme vous aidera à mieux le comprendre.

3. Établissez une version "suffisamment bonne" :

- Définissez ce à quoi pourrait ressembler une version "suffisamment bonne" de cette tâche. Imaginez le niveau de qualité minimum qui vous satisferait et qui répondrait aux besoins essentiels sans atteindre la perfection absolue. Cela pourrait être une étape intermédiaire où l'effort est raisonnable et suffisant.

4. Fixez une limite de temps :

▫ Donnez-vous un temps limité pour accomplir la tâche. Lorsque le temps est écoulé, acceptez de la terminer sans ajustements ou améliorations supplémentaires. Par exemple, si vous écrivez un rapport, fixez-vous 2 heures, puis finalisez-le même s'il reste des détails perfectibles.

5. Acceptez les imperfections :

▫ Une fois la tâche terminée, prenez un moment pour observer les imperfections sans les corriger. Respirez profondément et répétez-vous une affirmation comme : "Cela suffit amplement" ou "Je choisis de lâcher prise et d'accepter cette version telle qu'elle est."

6. Analysez l'impact des imperfections :

▫ Demandez-vous si les imperfections ont réellement un impact significatif sur le résultat. Parfois, ce que vous considérez comme une imperfection passe inaperçu pour les autres. Cela vous aidera à voir que la perfection n'est souvent pas nécessaire.

7. Pratiquez la gratitude pour vos efforts :

▫ Félicitez-vous d'avoir accompli cette tâche sans chercher à atteindre la perfection. Exprimez de la gratitude pour vos efforts et reconnaissez qu'ils sont suffisants. Vous pourriez vous dire : "Je suis reconnaissant d'avoir donné le meilleur de moi-même avec bienveillance."

8. Faites un bilan :

- À la fin de la journée ou de la semaine, évaluez si lâcher prise sur la perfection vous a apporté plus de sérénité. Notez ce que vous avez appris et comment cela a contribué à votre bien-être.

36. Prendre une pause loin de l'écran

Toutes les heures, prends une pause de 5 minutes pour éloigner ton esprit des écrans.

Exercice : "Le Rituel Sans Écran"

Objectifs :

- Prendre régulièrement une pause loin des écrans est essentiel pour reposer vos yeux, réduire le stress et favoriser un meilleur équilibre. Cet exercice vous aide à intégrer des moments de déconnexion dans votre journée, ce qui réduit la fatigue visuelle et améliore votre bien-être mental. Avec le temps, ces pauses sans écran deviendront un rituel régénérant qui vous aidera à rester plus équilibré et attentif.

1. Fixez des moments pour les pauses sans écran :

- Planifiez plusieurs moments dans la journée où vous vous éloignerez des écrans (ordinateur, téléphone, télévision). Vous pouvez par exemple prendre une pause de 10 minutes toutes les heures ou faire une pause de 30 minutes au milieu de la journée.

2. Préparez un environnement propice :

- Trouvez un endroit où vous pouvez vous détendre sans être distrait par des écrans, que ce soit dans un coin calme, près d'une fenêtre, ou dehors si possible. Un environnement agréable renforcera les bienfaits de la pause.

3. Choisissez une activité sans écran :

- Pendant votre pause, faites une activité relaxante qui ne nécessite aucun écran. Quelques idées :
-Lisez un livre ou un magazine papier.
- Prenez un thé ou un café en profitant du moment.
- Pratiquez une courte méditation ou des exercices de respiration.
- Faites une petite promenade, même si c'est juste dans votre jardin ou dans votre quartier.
- Dessinez, écrivez, ou pratiquez une activité créative.

4. Concentrez-vous sur le moment présent :

- Profitez de ce moment pour vous recentrer. Si vous buvez un café, par exemple, portez attention à l'odeur, au goût, et à la chaleur de la tasse dans vos mains. Si vous êtes en promenade, observez les détails autour de vous : les couleurs, les sons, et la sensation du sol sous vos pieds.

5. Respirez profondément :

▫ Profitez de cette pause pour pratiquer quelques respirations profondes. Inspirez lentement par le nez, retenez l'air pendant deux secondes, puis expirez lentement par la bouche. Répétez ce cycle trois à cinq fois pour détendre votre corps et votre esprit.

6. Déconnectez-vous totalement :

▫ Pendant cette pause, éteignez ou éloignez vos appareils électroniques. Résistez à la tentation de regarder votre téléphone ou de vérifier vos messages. Le but est de laisser votre esprit se reposer sans distraction numérique.

7. Faites un bilan en fin de journée :

▫ En fin de journée, prenez quelques minutes pour évaluer comment ces pauses sans écran ont impacté votre énergie et votre concentration. Notez si vous vous sentez plus détendu, productif, ou si vous avez ressenti une meilleure connexion avec votre environnement.

37. Déléguer des tâches

Apprends à déléguer certaines tâches pour alléger ta charge mentale.

Exercice : "L'Art de Déléguer"

Objectifs :

- Savoir déléguer des tâches est essentiel pour optimiser votre temps et réduire la charge mentale. Cet exercice vous aide à déléguer de manière réfléchie et constructive, tout en construisant des relations de confiance. Avec le temps, vous deviendrez plus à l'aise pour déléguer et augmenterez votre productivité en vous concentrant sur les tâches qui nécessitent vraiment votre attention.

1. Identifiez les tâches que vous pouvez déléguer :

- Listez toutes les tâches que vous avez à accomplir au travail, à la maison, ou dans toute autre sphère de votre vie. Pour chaque tâche, demandez-vous si elle doit absolument être faite par vous-même ou si elle peut être déléguée.

2. Classez les tâches en fonction de leur importance :

- Classez vos tâches en trois catégories :

- Essentielles : Les tâches qui nécessitent votre attention directe.

- Délégables : Les tâches que d'autres personnes peuvent accomplir avec un peu de formation ou de contexte.

- Optionnelles : Les tâches moins prioritaires qui pourraient être supprimées ou reportées.

3. Choisissez une tâche à déléguer :

- Sélectionnez une tâche de la catégorie "Délégables". Assurez-vous que la tâche est claire et spécifique pour faciliter sa délégation.

4. Identifiez la personne appropriée

- Réfléchissez à qui serait le mieux placé pour accomplir cette tâche. La personne doit avoir les compétences nécessaires ou être capable de les acquérir facilement. Elle doit également avoir le temps et la disponibilité.

5. Communiquez les attentes clairement :

- Lorsque vous déléguez, expliquez précisément ce qui doit être fait, pourquoi c'est important, et quelles sont les attentes. Donnez des instructions claires sur le résultat attendu et, si possible, une échéance. Par exemple :
  -"J'aimerais que tu prennes en charge cette tâche pour m'aider à avancer plus rapidement
  - Il s'agit de [description de la tâche]. Voici les étapes et la date limite à respecter.

6. Offrez votre soutien et votre confiance :

- Montrez-vous disponible pour répondre aux questions ou offrir des conseils, mais ne microgérez pas. Faites confiance à la personne pour accomplir la tâche. Cela montre que vous respectez ses capacités et encourage l'autonomie.

7. Suivez l'avancement sans trop intervenir :

- Programmez un point de suivi ou une vérification intermédiaire pour voir où en est la tâche sans pour autant surveiller chaque étape. Cela vous permet de rester informé et de soutenir l'autre personne en cas de besoin.

8. Faites un retour constructif :

- Une fois la tâche terminée, prenez un moment pour exprimer votre gratitude et offrir des commentaires constructifs. Cela permet de renforcer la relation de confiance et d'améliorer le processus de délégation pour les prochaines fois.

9. Réfléchissez à l'impact de la délégation :

- En fin de journée ou de semaine, évaluez les bénéfices de cette délégation. Demandez-vous si cela vous a libéré du temps, réduit votre stress, ou permis de vous concentrer sur des tâches plus importantes.

38. Journal de gratitude au travail

Notez 3 choses pour lesquelles vous êtes reconnaissant(e) dans votre travail.

Un journal de gratitude au travail est un excellent moyen de cultiver une attitude positive et d'améliorer votre bien-être au travail. Voici un exercice simple pour intégrer la gratitude dans votre quotidien professionnel :

Exercice : "Le Journal de Gratitude au Travail"

Objectifs :

- Ce journal de gratitude vous aidera à développer une vision plus positive de votre environnement de travail, à reconnaître vos progrès et à renforcer vos relations professionnelles. Avec le temps, cela contribue à une meilleure satisfaction au travail et à un sentiment de bien-être général.

1. Choisissez un moment de la journée pour écrire :

- Décidez d'un moment précis pour écrire dans votre journal de gratitude, que ce soit le matin pour bien démarrer la journée, à la pause déjeuner pour vous recentrer, ou en fin de journée pour faire un bilan positif.

2. Notez trois éléments pour lesquels vous êtes reconnaissant :

- Chaque jour, prenez quelques minutes pour écrire trois choses spécifiques qui vous ont apporté de la satisfaction ou de la gratitude au travail. Ces éléments peuvent être petits ou grands, comme un compliment d'un collègue, un défi que vous avez relevé, ou simplement un bon café le matin.

3. Soyez spécifique :

- La clé est d'être précis et de décrire brièvement pourquoi chaque élément est significatif. Par exemple :

- "Je suis reconnaissant pour le soutien de [nom du collègue] aujourd'hui, car il m'a aidé à finir un projet."

- "Je me sens reconnaissant d'avoir eu une discussion productive avec mon responsable, cela m'a donné plus de clarté."

- "Je suis reconnaissant d'avoir un bureau lumineux qui me permet de rester concentré."

4. Notez une réussite ou un progrès personnel :

- Prenez un moment pour reconnaître un aspect de votre propre travail dont vous êtes fier. Cela peut être un petit progrès, une tâche bien accomplie, ou une compétence que vous avez développée. Par exemple : "Aujourd'hui, j'ai pris la parole en réunion avec assurance, et cela m'a donné plus de confiance."

5. Relisez votre journal régulièrement :

- Prenez le temps de relire les entrées de votre journal une fois par semaine ou chaque fin de mois. Cela vous permettra de vous remémorer les moments positifs et de garder une perspective constructive, même lors des périodes plus stressantes.

6. Pratiquez la gratitude envers vos collègues :

- Si possible, exprimez directement votre gratitude à un collègue ou un supérieur lorsque c'est pertinent. Un simple "merci pour ton aide" ou "j'ai apprécié notre collaboration aujourd'hui" renforce les relations de travail et crée un environnement plus agréable.

7. Faites un bilan hebdomadaire :

- En fin de semaine, prenez quelques minutes pour réfléchir aux tendances que vous avez remarquées dans votre journal. Y a-t-il des aspects récurrents qui vous rendent heureux ? Ce bilan vous aidera à mieux comprendre ce qui vous motive et vous donne de l'énergie au travail.

-

39. Lâcher prise sur les résultats

Concentrez-vous sur le processus, non sur les résultats immédiats.

Exercice : "Le Processus Avant le Résultat"

Objectifs :

- Lâcher prise sur les résultats permet de réduire l'anxiété et de mieux vivre le processus, sans être obsédé par la réussite ou l'échec. Cet exercice vous aide à vous détacher du besoin de maîtriser chaque résultat et à trouver de la satisfaction dans le chemin parcouru. En cultivant cette approche, vous ressentirez moins de pression et davantage de plaisir dans vos actions quotidiennes.

1. Choisissez un objectif ou une tâche spécifique :

- Identifiez une tâche ou un projet où vous ressentez de la pression pour obtenir un certain résultat. Par exemple, un projet professionnel, un examen, ou même un objectif personnel comme améliorer votre condition physique.

2. Redéfinissez votre succès en termes de processus :

- Au lieu de vous concentrer uniquement sur l'atteinte de l'objectif final, définissez ce que signifie réussir le processus. Par exemple :
- Pour un projet professionnel, votre succès pourrait être de consacrer une heure de travail concentré chaque jour.
- Pour un objectif de santé, cela pourrait être de faire 30 minutes d'exercice régulièrement, plutôt que de viser un nombre spécifique de kilos à perdre.

3. Fixez-vous des intentions plutôt que des attentes :

- Remplacez les attentes de résultat par des intentions. Par exemple, dites-vous : "Mon intention est de donner le meilleur de moi-même aujourd'hui" ou "Mon but est de m'améliorer chaque jour, petit à petit." Ces intentions vous aident à vous engager dans le moment présent, sans vous attacher à un résultat précis.

4. Pratiquez la pleine conscience dans l'action :

- Lorsque vous travaillez sur la tâche, concentrez-vous pleinement sur ce que vous faites à l'instant. Par exemple, si vous écrivez, concentrez-vous sur chaque phrase ; si vous faites de l'exercice, ressentez chaque mouvement de votre corps. La pleine conscience vous permet d'apprécier le processus et de réduire les distractions liées à l'obsession du résultat.

5. Acceptez l'incertitude :

- Rappelez-vous que les résultats ne sont pas toujours sous votre contrôle. Prenez quelques respirations profondes et dites-vous : "Je fais de mon mieux et je laisse aller le besoin de tout contrôler." Cette affirmation vous aide à accepter que certains aspects échappent à votre contrôle.

6. Notez vos progrès, pas seulement les résultats :

- À la fin de la journée ou de la semaine, notez les actions que vous avez entreprises et les petits progrès que vous avez faits, même si le résultat final n'est pas encore atteint. Par exemple : "J'ai réussi à rester concentré pendant une heure" ou "J'ai pris soin de moi aujourd'hui en respectant mon engagement."

7. Exprimez de la gratitude pour le processus :

- Prenez un moment pour exprimer de la gratitude pour ce que vous avez appris ou ressenti en travaillant vers cet objectif, indépendamment du résultat. Par exemple : "Je suis reconnaissant pour l'énergie que j'ai investie dans ce projet" ou "Je suis heureux d'avoir développé de la persévérance."

40. Revenir à la simplicité

Simplifiez vos projets pour ne pas vous sentir dépassé(e).

Exercice : "La Simplicité Intentionnelle"

Objectifs :

- Revenir à la simplicité aide à alléger le stress et à se concentrer sur l'essentiel.
- Cet exercice vous aide à réduire le superflu et à créer de l'espace pour ce qui compte vraiment. Avec le temps, revenir à la simplicité devient un mode de vie, vous offrant plus de clarté, de satisfaction, et de sérénité dans toutes vos actions.

1. Faites un bilan de vos priorités :

- Prenez quelques minutes pour réfléchir à ce qui est vraiment important pour vous en ce moment. Notez 3 à 5 priorités clés, que ce soit dans votre vie personnelle, professionnelle, ou émotionnelle. Par exemple : "Passer plus de temps de qualité avec ma famille," "Améliorer ma santé," ou "Me consacrer à un projet important."

2. Identifiez les distractions et les activités secondaires :

- Dressez la liste des activités, engagements ou habitudes qui encombrent votre quotidien sans réellement contribuer à vos priorités. Par exemple : "Vérifier les réseaux sociaux trop souvent," "Dépendre des notifications," ou "Dire oui à trop de choses non essentielles."

3. Supprimez ou réduisez une distraction par jour :

- Choisissez une de ces distractions à éliminer ou réduire pour vous rapprocher d'une vie plus simple. Par exemple, décidez de limiter l'utilisation des réseaux sociaux à 15 minutes par jour ou de désactiver certaines notifications sur votre téléphone.

4. Concentrez-vous sur une seule tâche à la fois :

- Engagez-vous à faire une chose à la fois. Lorsque vous travaillez, évitez le multitâche et concentrez-vous sur la tâche en cours. Mettez de côté votre téléphone ou fermez les autres onglets de votre ordinateur pour ne pas être distrait.

5. Créez un rituel de simplicité :

- Intégrez un rituel quotidien ou hebdomadaire qui vous aide à ralentir et à profiter du moment présent. Cela peut être un moment de lecture, une marche en pleine conscience, du yoga, ou simplement prendre un thé sans distractions. Ce rituel vous permet de retrouver la simplicité dans un cadre agréable et apaisant.

6. Pratiquez la pleine conscience dans vos actions quotidiennes :

- Pendant la journée, choisissez des moments où vous faites des choses simples (comme manger, marcher, ou respirer) pour pratiquer la pleine conscience. Concentrez-vous sur l'expérience sensorielle de l'instant, sans penser aux tâches à venir. Par exemple, prenez le temps de savourer votre repas, en étant attentif aux saveurs et aux textures.

7. Réévaluez régulièrement vos priorités :

- Chaque semaine, prenez un moment pour vérifier si vos actions de la semaine ont été alignées avec vos priorités. Réajustez vos choix en conséquence pour continuer à simplifier et alléger votre quotidien.

4. Exercices de visualisation pour lâcher-prise

41. Visualisation du ballon

Visualisez vos soucis comme des ballons que vous relâchez et laissez s'envoler.

Exercice : "Le Ballon de Libération"

Objectifs :

- L'exercice de visualisation du ballon est un excellent moyen de libérer le stress, les pensées négatives ou les émotions pesantes. Cet exercice de visualisation du ballon est une méthode simple et efficace pour lâcher prise sur les pensées et émotions pesantes. En le pratiquant régulièrement, vous apprendrez à libérer le stress plus facilement et à cultiver un sentiment de légèreté au quotidien.

1. Trouvez un endroit calme :

- Installez-vous dans un endroit tranquille où vous pouvez vous détendre sans être dérangé. Asseyez-vous ou allongez-vous dans une position confortable, fermez les yeux, et prenez quelques respirations profondes pour vous recentrer.

2. Visualisez un ballon devant vous :

- Imaginez un ballon flottant devant vous. Ce ballon peut avoir la couleur et la taille que vous voulez, choisissez celles qui vous apportent un sentiment de calme et de légèreté. Visualisez-le clairement, comme s'il était juste devant vous, prêt à accueillir tout ce dont vous souhaitez vous libérer.

3. Identifiez ce que vous souhaitez relâcher :

- Réfléchissez aux pensées, émotions ou soucis qui pèsent sur vous en ce moment. Cela peut être du stress, de la colère, des peurs, ou même des pensées répétitives. Choisissez un ou plusieurs éléments que vous souhaitez libérer aujourd'hui.

4. Placez ces émotions ou pensées dans le ballon :

▫ Imaginez transférer chaque pensée ou émotion dans le ballon, comme si vous les déposiez doucement à l'intérieur. Visualisez chaque souci ou tension quitter votre esprit et remplir le ballon. Prenez le temps de ressentir ce transfert, en vous sentant de plus en plus léger.

5. Relâchez le ballon :

▫ Lorsque vous sentez que le ballon est rempli, imaginez le relâcher dans le ciel. Voyez-le s'élever lentement, emportant avec lui toutes les pensées et émotions que vous y avez placées. Regardez-le s'éloigner de plus en plus, jusqu'à ce qu'il disparaisse complètement à l'horizon.

6. Ressentez la légèreté et le calme :

▫ Prenez quelques instants pour ressentir la légèreté et le calme qui vous envahissent maintenant que vous avez libéré ces poids. Respirez profondément, en accueillant un sentiment de paix et de tranquillité dans votre esprit et votre corps.

7. Répétez une affirmation apaisante :

▫ Terminez en vous répétant une affirmation positive, comme : "Je suis calme et libéré de mes soucis" ou "Je choisis de laisser aller ce qui ne me sert plus." Cela renforce votre sentiment de paix et vous aide à rester centré.

42. Visualisation d'un fleuve

Imaginez un fleuve qui emporte vos pensées ou vos peurs.

Exercice : "Le Fleuve de Lâcher-Prise"

Objectifs :

- Cet exercice de visualisation du fleuve est conçu pour vous aider à lâcher prise sur les pensées et émotions perturbatrices. En vous connectant à l'image du courant qui emporte ce dont vous n'avez plus besoin, vous apprenez à faire confiance au processus naturel de la vie et à accueillir la paix intérieure.
- L'exercice de visualisation du fleuve est une technique puissante pour aider à lâcher prise et à apaiser l'esprit. Il vous permet de visualiser vos pensées ou vos émotions comme des éléments qui s'écoulent, vous aidant ainsi à retrouver le calme intérieur.

1. Trouvez un endroit calme :

- Asseyez-vous dans un endroit tranquille où vous pouvez vous détendre. Fermez les yeux, relâchez vos épaules, et prenez quelques respirations profondes. Laissez chaque expiration vous détendre davantage.

2. Visualisez un fleuve paisible :

- Imaginez un fleuve large et tranquille devant vous. Visualisez les détails du paysage : les arbres sur les rives, la couleur de l'eau, la douceur du courant qui s'écoule. Ce fleuve symbolise la capacité de la nature à emporter tout ce qui ne sert plus.

3. Identifiez vos pensées et émotions :

- Portez votre attention sur les pensées ou émotions qui vous préoccupent en ce moment. Cela peut être une situation qui vous stresse, une émotion lourde, ou même une pensée récurrente. Prenez un moment pour identifier clairement ce que vous souhaitez laisser partir.

4. Placez chaque pensée ou émotion dans le courant du fleuve :

- Imaginez que chaque pensée ou émotion prend la forme d'une feuille ou d'un objet léger que vous déposez doucement dans le fleuve. Voyez ce que vous y placez s'éloigner lentement, porté par le courant. Observez les objets s'éloigner de vous, emportés par la force apaisante de l'eau.

5. Suivez leur parcours sans essayer de les retenir :

- Regardez les pensées ou émotions s'éloigner progressivement, sans essayer de les récupérer ou de les analyser. Visualisez-les s'éloigner de plus en plus, jusqu'à ce qu'elles disparaissent complètement, emportées par le courant.

6. Ressentez le calme et la légèreté :

- Prenez conscience de la sensation de légèreté et de calme qui vous envahit maintenant que vous avez laissé partir ces pensées ou émotions. Imaginez que ce fleuve peut emporter tout ce qui pèse sur vous, vous permettant de vous recentrer sur l'instant présent.

7. Affirmez votre lâcher-prise :

- Terminez en répétant une affirmation, comme : "Je laisse aller ce qui ne me sert plus" ou "Je suis en paix et je fais confiance à la vie." Cette affirmation vous aidera à renforcer votre état de tranquillité.

43. Visualisation d'un cerf-volant

Visualisez un cerf-volant dans le vent, symbolisant l'équilibre entre contrôle et lâcher-prise.

Exercice : "Le Cerf-Volant de Libération"

Objectifs :

- Cet exercice de visualisation du cerf-volant vous aide à relâcher les émotions et pensées lourdes de manière symbolique. Avec le temps et la pratique, vous apprendrez à utiliser cette image pour vous reconnecter à un état de calme et de légèreté, même dans des moments de tension ou de stress.

1. Trouvez un endroit calme :

- ▫ Asseyez-vous dans un endroit paisible où vous pouvez vous détendre. Fermez les yeux, relâchez vos épaules, et prenez quelques respirations profondes. Laissez chaque expiration détendre davantage votre corps et calmer votre esprit.

2. Visualisez un cerf-volant coloré :

- ▫ Imaginez un cerf-volant flottant dans le ciel devant vous. Choisissez la couleur, la forme, et les détails de votre cerf-volant. Visualisez-le clairement, avec sa corde reliée à votre main, prêt à s'envoler plus haut.

3. Identifiez les pensées ou émotions à libérer :

- ▫ Réfléchissez aux pensées, préoccupations ou émotions qui vous pèsent en ce moment. Cela peut être un stress, une inquiétude, une déception ou toute autre charge émotionnelle que vous souhaitez laisser partir.

4. Attachez chaque pensée ou émotion au cerf-volant :

- ▫ Imaginez que vous attachez chaque pensée ou émotion au cerf-volant, comme de petits nœuds le long de la corde. Visualisez chaque charge émotionnelle que vous y déposez, en les voyant comme de petits symboles ou couleurs sur le fil du cerf-volant.

5. Lâchez la corde doucement :

- ▫ Lorsque vous êtes prêt, imaginez que vous relâchez doucement la corde du cerf-volant. Voyez-le s'élever de plus en plus haut dans le ciel, emportant avec lui toutes les pensées et émotions auxquelles vous avez attaché un symbole. Regardez-le s'éloigner, emporté par le vent.

6. Suivez le cerf-volant jusqu'à ce qu'il disparaisse :

▫ Regardez le cerf-volant monter toujours plus haut, emportant toutes les préoccupations et les charges. Suivez-le du regard jusqu'à ce qu'il devienne un petit point à l'horizon, puis disparaisse complètement dans le ciel.

7. Ressentez la légèreté et la liberté :

▫ Prenez un instant pour ressentir le calme et la légèreté en vous. Respirez profondément, en vous sentant libéré des pensées et émotions pesantes. Profitez de ce sentiment de liberté et d'espace intérieur.

8. Affirmez votre intention de lâcher prise :

▫ Terminez en répétant une affirmation positive, comme : "Je me libère de ce qui me pèse" ou "Je choisis la paix et la légèreté." Cela vous aidera à renforcer le sentiment de lâcher-prise.

44. Visualisation d'une tasse vide

Imaginez vider une tasse de toutes tes attentes et inquiétudes pour accueillir du renouveau.

Exercice : "La Tasse Vide de Lâcher-Prise"

Objectifs :

- L'exercice de la tasse vide est une technique de visualisation pour vous libérer des pensées, émotions, ou préoccupations qui remplissent votre esprit. En le pratiquant régulièrement, vous apprendrez à faire de l'espace dans votre esprit pour accueillir des émotions positives et retrouver le calme intérieur.

1. Installez-vous dans un endroit calme :

- Asseyez-vous dans un endroit paisible, en position confortable. Fermez les yeux, relâchez vos épaules, et prenez quelques respirations profondes pour vous détendre.

2. Visualisez une tasse devant vous :

- Imaginez une tasse devant vous, comme si elle reposait sur une table ou au creux de vos mains. Visualisez chaque détail : sa couleur, sa forme, sa texture, et même son poids. Cette tasse symbolise votre esprit ou votre cœur.

3. Identifiez ce qui vous encombre :

- Réfléchissez aux pensées, émotions ou préoccupations qui vous pèsent en ce moment. Cela peut être du stress, de la colère, de la tristesse ou des pensées répétitives. Imaginez que chacune de ces préoccupations remplit la tasse, comme des gouttes de liquide.

4. Imaginez que vous videz la tasse :

- ▫ Visualisez-vous en train de verser lentement le contenu de la tasse. Imaginez que chaque pensée ou émotion coule hors de la tasse, se vidant progressivement. Plus vous versez, plus la tasse devient légère et vide. Prenez le temps de ressentir cette libération.

5. Nettoyez l'intérieur de la tasse :

- ▫ Imaginez que vous nettoyez doucement l'intérieur de la tasse pour éliminer les dernières traces de pensées ou émotions résiduelles. Visualisez la tasse comme parfaitement propre et vide, prête à accueillir du positif.

6. Ressentez le calme et l'espace intérieur :

- ▫ Prenez quelques instants pour apprécier le sentiment de vide et de calme dans la tasse. Ressentez cette même légèreté dans votre esprit, comme si vous aviez vidé tout ce qui vous pesait.

7. Remplissez la tasse de calme et de paix :

- ▫ Visualisez maintenant que la tasse se remplit d'un liquide clair et lumineux, représentant la paix, la sérénité ou la gratitude. Imaginez que chaque gorgée que vous buvez de cette tasse apaise votre esprit et nourrit votre bien-être intérieur.

8. Affirmez votre intention de rester léger :

- Terminez en répétant une affirmation, comme : "Je libère ce qui ne me sert plus" ou "Je choisis de rester calme et serein." Cela renforcera le sentiment de légèreté et de clarté intérieure

45. Visualisation du papillon

Imaginez-vous en transformation comme une chenille qui devient papillon, lâchant ses anciennes croyances.

Exercice : "Le Papillon de Libération"

Objectifs :

- L'exercice de visualisation du papillon est un excellent moyen pour symboliser la libération des pensées et émotions négatives, et pour inviter la transformation intérieure. Cet exercice de visualisation du papillon vous aide à relâcher les pensées et émotions encombrantes, en symbolisant leur libération par le vol du papillon. Avec le temps, cette pratique favorise une transformation intérieure et renforce votre capacité à accueillir la sérénité et le lâcher-prise dans votre vie quotidienne.

1. Installez-vous confortablement dans un endroit calme :

- Asseyez-vous dans un endroit paisible, fermez les yeux et détendez-vous. Prenez quelques respirations profondes pour calmer votre esprit et relâcher les tensions de votre corps.

2. Visualisez un papillon devant vous :

- Imaginez un papillon délicat devant vous. Observez ses couleurs, ses motifs et ses ailes fines. Visualisez-le en détail, flottant doucement dans l'air, avec une sensation de légèreté et de liberté.

3. Identifiez une pensée ou émotion à libérer :

- Réfléchissez à une pensée, émotion ou préoccupation que vous souhaitez libérer. Cela peut être une angoisse, une peur, un souvenir, ou même une frustration. Imaginez cette charge émotionnelle comme une petite lumière ou couleur dans votre cœur.

4. Transférez cette émotion au papillon :

- Visualisez cette pensée ou émotion se transformant en une petite lueur, qui se déplace depuis votre cœur jusqu'au papillon devant vous. Imaginez que le papillon accepte cette énergie et qu'il se charge de votre émotion ou préoccupation.

5. Observez le papillon s'envoler :

- Imaginez maintenant le papillon qui commence à battre des ailes et s'éloigne lentement. Voyez-le prendre de l'altitude et s'envoler, emportant avec lui cette pensée ou émotion. Observez-le s'éloigner de plus en plus, jusqu'à devenir un petit point à l'horizon et finalement disparaître.

6. Ressentez la légèreté et la paix intérieure :

▫ Prenez un instant pour ressentir le calme et la légèreté maintenant que vous avez libéré cette charge émotionnelle. Respirez profondément et appréciez le sentiment d'espace et de tranquillité qui s'installe en vous.

7. Répétez une affirmation de libération :

▫ Terminez en vous répétant une affirmation, telle que : "Je suis libre et en paix" ou "Je choisis de laisser partir ce qui ne me sert plus." Cela renforcera le lâcher-prise et le sentiment de légèreté.

46. Visualisation du jardin

Visualisez votre vie comme un jardin où vous plantez des graines, mais où vous devez laisser la nature suivre son cours.

Exercice : "Le Jardin Intérieur"

Objectifs :

▫ L'exercice de visualisation du jardin est une pratique apaisante qui vous aide à retrouver le calme et à vous reconnecter à un espace intérieur de paix. Cet exercice vous offre un espace intérieur de détente et de régénération. En le pratiquant régulièrement, vous pourrez retrouver cet état de paix intérieure à tout moment, et vous reconnecter à un sentiment profond de calme et de sérénité.

1. Installez-vous dans un endroit calme :

□ Asseyez-vous confortablement, fermez les yeux et prenez quelques respirations profondes. Laissez chaque inspiration et expiration vous détendre un peu plus et vous recentrer.

2. Imaginez l'entrée de votre jardin :

□ Visualisez un portail ou un chemin qui mène à un magnifique jardin. Imaginez les détails de cette entrée : la couleur, la forme, et l'énergie apaisante qui émane de cet endroit. Sachez que ce jardin est un espace où vous pouvez être totalement calme et en sécurité.

3. Entrez dans votre jardin :

□ Visualisez-vous en train de franchir l'entrée pour pénétrer dans le jardin. Observez tout autour de vous. Imaginez les couleurs vives des fleurs, le vert éclatant des plantes, les arbres majestueux et les rayons de soleil filtrant à travers les feuilles. Ressentez la fraîcheur de l'air et le parfum des fleurs.

4. Connectez-vous aux détails sensoriels :

- Prenez le temps de remarquer les détails sensoriels dans votre jardin : le chant des oiseaux, le bruissement des feuilles dans le vent, la douceur de l'herbe sous vos pieds. Plongez-vous dans ces sensations, en les ressentant pleinement et en laissant le calme s'installer en vous.

5. Identifiez une zone de guérison ou de repos :

- Imaginez un endroit particulier dans votre jardin où vous vous sentez particulièrement bien. Cela peut être un banc, une pierre plate, une petite fontaine ou un coin de verdure. Installez-vous dans cet endroit et ressentez une paix profonde.

6. Laissez aller vos pensées ou émotions encombrantes :

- Imaginez que les pensées, tensions ou émotions qui vous encombrent s'échappent doucement de vous, comme de petites feuilles ou des gouttes d'eau qui se dispersent dans le jardin. Laissez votre jardin absorber ces énergies, les transformant en paix et sérénité.

7. Accueillez un sentiment de renouveau :

- Visualisez maintenant que le jardin vous infuse d'une énergie positive et apaisante. Imaginez une lumière douce qui émane des plantes ou du sol, et qui vient remplir votre corps d'une sensation de légèreté, de fraîcheur et de renouveau.

8. Terminez par une affirmation :

- ▫ Avant de quitter le jardin, répétez une affirmation positive, telle que : "Je suis en paix et ressourcé" ou "Ce calme intérieur est toujours en moi." Prenez un dernier instant pour apprécier ce sentiment de tranquillité.

9. Revenez doucement au moment présent :

- ▫ Visualisez-vous en train de quitter le jardin, en sachant que vous pouvez revenir quand vous le souhaitez. Puis, prenez quelques respirations profondes et ouvrez les yeux en douceur, en gardant avec vous le sentiment de calme et de connexion intérieure.

47. Visualisation de l'arbre

Visualisez-vous comme un arbre qui plie sous la tempête mais ne se casse pas.

Exercice : "L'Arbre d'Ancrage"

Objectifs :

- ▫ L'exercice de visualisation de l'arbre est une pratique apaisante qui vous aide à vous sentir ancré, stable et en paix. Cet exercice utilise la symbolique de l'arbre pour renforcer votre connexion avec la terre et vous ancrer dans le moment présent.

1. Installez-vous dans un endroit calme :

- Asseyez-vous ou tenez-vous debout dans un endroit tranquille où vous ne serez pas dérangé. Fermez les yeux, relâchez vos épaules et prenez quelques respirations profondes pour calmer votre esprit et votre corps.

2. Visualisez un arbre majestueux devant vous :

- Imaginez un grand arbre solide et majestueux devant vous. Observez les détails de cet arbre : sa hauteur, l'épaisseur de son tronc, la couleur de ses feuilles et de son écorce. Ressentez la puissance et la stabilité qui émanent de cet arbre.

3. Devenez l'arbre :

- Visualisez-vous en train de devenir cet arbre. Imaginez que vos jambes deviennent le tronc, vos pieds s'enfoncent dans le sol et forment des racines profondes qui descendent jusqu'au cœur de la terre. Ressentez la connexion avec le sol, la solidité et l'ancrage de vos racines.

4. Ressentez la stabilité et la force de vos racines

- Imaginez vos racines s'étendant profondément sous terre, vous apportant stabilité et force. Ces racines absorbent une énergie nourrissante de la terre, qui monte dans vos jambes, dans votre corps et jusqu'à votre tête. Ressentez la sensation d'être ancré et sécurisé.

5. Visualisez vos branches s'élevant vers le ciel :

- Imaginez maintenant vos bras et votre tête comme des branches s'élevant vers le ciel. Visualisez chaque branche et chaque feuille capturant la lumière du soleil, absorbant une énergie lumineuse et réchauffante. Laissez cette énergie circuler à travers tout votre corps.

6. Libérez les tensions avec chaque respiration :

- À chaque expiration, imaginez que vous relâchez les tensions et les pensées qui vous encombrent, comme si elles se dispersaient dans le vent. Avec chaque inspiration, sentez l'énergie apaisante et nourrissante de la terre et du ciel circuler en vous.

7. Ressentez l'équilibre entre ancrage et légèreté :

- Prenez un moment pour apprécier cet équilibre entre la force de vos racines profondément ancrées et la légèreté de vos branches qui s'élèvent vers le ciel. Ressentez cette stabilité intérieure et cette connexion à la fois à la terre et à l'espace autour de vous.

8. Répétez une affirmation d'ancrage :

- Avant de terminer, répétez une affirmation positive, telle que : "Je suis stable et ancré" ou "Je suis connecté à la terre et au ciel." Cette affirmation renforce votre sentiment de sécurité et d'équilibre.

9. Revenez doucement au moment présent :

- Visualisez vos racines revenir vers vos pieds et vos branches devenir à nouveau vos bras. Prenez quelques respirations profondes, ressentez le sol sous vous, et ouvrez les yeux doucement en gardant ce sentiment d'ancrage et de paix.

48. Visualisation du soleil

Imaginez le soleil dissoudre les nuages de vos pensées négatives.

Exercice : "Le Soleil Rayonnant"

Objectifs :

- L'exercice de visualisation du soleil est une pratique puissante pour apporter chaleur, énergie et positivité dans votre corps et votre esprit. Cette visualisation aide à revitaliser votre énergie intérieure et à faire le plein de lumière et de paix.

1. Installez-vous confortablement dans un endroit calme :

- Asseyez-vous ou allongez-vous dans un endroit paisible où vous ne serez pas dérangé. Fermez les yeux, relâchez vos épaules, et prenez quelques respirations profondes pour apaiser votre esprit et détendre votre corps.

2. Visualisez un soleil lumineux au-dessus de vous :

- Imaginez un soleil radieux flottant juste au-dessus de votre tête. Voyez sa lumière dorée et chaleureuse, qui émet une énergie douce et réconfortante. Sentez la chaleur bienveillante de ce soleil, prêt à vous envelopper de sa lumière.

3. Imaginez la lumière du soleil entrer dans votre corps :

- Visualisez les rayons du soleil descendant doucement et pénétrant par le sommet de votre tête. Imaginez cette lumière dorée se diffuser lentement à l'intérieur de vous, remplissant votre tête, vos épaules, puis descendant dans votre poitrine, vos bras, et jusqu'à vos jambes et vos pieds.

4. Ressentez la chaleur et l'énergie dans chaque partie de votre corps :

- Laissez chaque partie de votre corps se remplir de cette lumière et de cette chaleur bienfaisante. Imaginez que cette lumière dissout les tensions, le stress ou les pensées négatives, comme si tout ce qui vous pèse fondait sous la chaleur du soleil.

5. Visualisez cette lumière dorée rayonnant autour de vous :

- Une fois votre corps entièrement rempli de cette lumière, imaginez-là se répandre autour de vous, formant une aura lumineuse qui vous entoure. Ressentez cette lumière protectrice, qui vous enveloppe et vous donne un sentiment de sécurité, de paix et de bien-être.

6. Inspirez l'énergie et expirez les tensions :

- À chaque inspiration, imaginez que vous absorbez encore plus de lumière et d'énergie positive du soleil. À chaque expiration, relâchez les dernières tensions ou pensées négatives, les laissant s'évanouir dans la lumière.

7. Ressentez la vitalité et la positivité :

- Prenez un moment pour apprécier la sensation de chaleur, de force et de vitalité qui remplit maintenant votre corps et votre esprit. Sentez-vous revitalisé et énergisé, comme si ce soleil intérieur vous avait redonné toute l'énergie dont vous avez besoin.

8. Répétez une affirmation de positivité :

- Avant de terminer, répétez une affirmation telle que : "Je suis rempli de lumière et de chaleur" ou "Je rayonne de paix et de positivité." Cette affirmation renforce votre connexion avec l'énergie solaire et la lumière intérieure.

9. Revenez doucement au moment présent :

- ▫ Imaginez que la lumière dorée se stabilise à l'intérieur de vous, comme une petite étincelle lumineuse dans votre cœur, prête à rayonner chaque fois que vous en avez besoin. Prenez quelques respirations profondes, sentez le sol sous vous, et ouvrez les yeux en douceur.

49. Visualisation d'un espace vide

Visualise un espace vide où tu peux te détendre, sans rien de superflu.

Exercice : "L'Espace Vide de Clarté"

Objectifs :

- ▫ L'exercice de visualisation d'un espace vide est une technique de relaxation qui permet de calmer l'esprit, d'évacuer les pensées encombrantes, et de faire le vide intérieur. Cet espace symbolise la paix, la clarté et le potentiel de renouveau.

1. Installez-vous dans un endroit calme :

▫ Asseyez-vous ou allongez-vous dans un lieu tranquille, fermez les yeux, et prenez quelques respirations profondes pour détendre votre corps et apaiser votre esprit.

2. Imaginez un espace vaste et vide devant vous :

▫ Visualisez un espace immense, calme et vide. Cet espace peut être une grande pièce blanche, un ciel ouvert, ou un désert infini. Il n'y a aucun bruit, aucune couleur vive, et rien pour vous distraire. C'est un espace simple, pur et tranquille.

3. Ressentez le calme et la neutralité de cet espace :

▫ Observez l'atmosphère paisible de cet espace vide. Sentez l'absence de pression, de besoin ou de jugement. Dans cet espace, rien ne vous sollicite, rien ne vous pèse. Il n'y a que du calme et du silence.

4. Laissez vos pensées et émotions se dissiper :

▫ Imaginez maintenant que vos pensées, préoccupations, ou émotions commencent à se dissoudre dans cet espace, comme de petites particules qui disparaissent dans l'immensité. Observez-les s'éloigner sans essayer de les retenir, jusqu'à ce qu'elles disparaissent complètement dans cet espace vide.

5. Ressentez la légèreté et la clarté mentale :

▫ À mesure que les pensées et émotions disparaissent, ressentez une sensation de légèreté et de clarté. Votre esprit devient calme et transparent, comme cet espace vide. Appréciez ce moment de pureté et de vide intérieur.

6. Remplissez cet espace de lumière ou de paix (facultatif) :

▫ Si vous le souhaitez, imaginez qu'une douce lumière ou une sensation de paix commence à remplir cet espace. Cette lumière peut symboliser la sérénité, la clarté, ou l'énergie positive. Voyez-là se diffuser lentement dans l'espace, vous apportant un sentiment de bien-être.

7. Répétez une affirmation de paix intérieure :

▫ Avant de quitter cet espace, répétez une affirmation apaisante, comme : "Je suis en paix et mon esprit est clair" ou "Je trouve le calme et la clarté en moi-même." Cela vous aidera à ancrer ce sentiment de tranquillité.

8. Revenez doucement au moment présent :

▫ Lorsque vous êtes prêt, imaginez que cet espace vide reste en vous, comme un endroit où vous pouvez revenir chaque fois que vous en ressentez le besoin. Prenez quelques respirations profondes, sentez le sol sous vous, et ouvrez doucement les yeux.

50. Visualisation de l'océan

Imaginez un océan calme et ressentez la tranquillité en toi-même.

Exercice : "L'Océan de Paix Intérieure"

Objectifs :

- ◻ L'exercice de visualisation de l'océan est une pratique relaxante qui vous aide à vous sentir calme, apaisé et connecté à la nature. Cet exercice utilise la symbolique de l'océan pour favoriser la libération des pensées encombrantes et pour ancrer une sensation de sérénité profonde. Cet exercice vous aide à relâcher les pensées et émotions perturbatrices, à réduire le stress et à vous ancrer dans une paix profonde. En pratiquant régulièrement, vous renforcerez votre capacité à accéder à cet état de calme intérieur, même dans des moments de tension.

1. Installez-vous confortablement dans un endroit calme :

- ◻ Asseyez-vous ou allongez-vous dans un lieu paisible. Fermez les yeux, détendez vos épaules, et prenez quelques respirations profondes pour relâcher les tensions.

2. Visualisez un océan calme devant vous :

◦   Imaginez un vaste océan s'étendant à perte de vue devant vous. Voyez les vagues douces se déplaçant tranquillement, le bleu profond de l'eau, et le ciel qui se fond dans l'horizon. Ressentez la sérénité qui émane de cet endroit.

3. Connectez-vous aux sons de l'océan :

◦   Imaginez le son des vagues qui viennent doucement s'échouer sur la plage, leur rythme apaisant qui vous berce. Concentrez-vous sur ce son et laissez-le vous calmer encore plus profondément.

4. Imaginez que vous laissez vos pensées s'éloigner dans les vagues :

◦   Réfléchissez aux pensées, émotions ou préoccupations qui vous pèsent en ce moment. Visualisez chaque pensée comme un petit objet que vous posez doucement sur une vague. Observez ces objets s'éloigner de vous, emportés par le courant, jusqu'à disparaître à l'horizon.

5. Sentez-vous de plus en plus léger et apaisé :

◦   À mesure que chaque pensée ou émotion s'éloigne, ressentez un sentiment de légèreté et de liberté. Laissez le calme de l'océan pénétrer en vous, remplissant chaque partie de votre corps d'une paix profonde et apaisante.

6. Imaginez une vague de paix vous envelopper :

- Visualisez une grande vague de lumière douce et apaisante qui vient vous recouvrir et vous envelopper d'une énergie positive. Sentez cette vague de paix pénétrer en vous, dissoudre les dernières tensions et renouveler votre énergie.

7. Répétez une affirmation de sérénité :

- Avant de quitter cette visualisation, répétez une affirmation de calme et de paix, comme : "Je suis calme et en harmonie" ou "Je laisse mes pensées se dissiper comme les vagues de l'océan." Cette affirmation renforcera votre sentiment de tranquillité intérieure.

8. Revenez doucement au moment présent :

- Lorsque vous êtes prêt, prenez quelques respirations profondes, en vous reconnectant doucement à votre corps. Sentez le sol sous vous, bougez lentement vos mains et vos pieds, puis ouvrez les yeux. Gardez en vous le souvenir de cet océan de calme, où vous pourrez revenir chaque fois que vous en ressentirez le besoin.

5. Exercices de lâcher-prise sur le contrôle

51. Accepter l'inconnu

Prenez conscience qu'il est impossible de tout contrôler. Répétez cette idée chaque jour.

Exercice : "L'Inconnu avec Confiance"

Objectifs :

▫ Cet exercice vous aide à accepter l'inconnu sans anxiété excessive, en renforçant votre capacité à faire face aux incertitudes de manière sereine et confiante. En pratiquant régulièrement, vous développerez une relation plus positive avec l'incertitude, en la voyant comme une opportunité plutôt qu'une source de stress

1. Prenez conscience de l'incertitude qui vous préoccupe

▫ Identifiez une situation incertaine ou une question sans réponse qui vous préoccupe actuellement. Prenez un moment pour la nommer clairement, que ce soit une décision future, une relation, ou un changement dans votre vie.

2. Acceptez ce que vous ne pouvez pas contrôler :

▫ Distinguez ce qui est sous votre contrôle et ce qui ne l'est pas. Fournissez un effort conscient pour accepter qu'il y ait des éléments que vous ne pouvez pas influencer. Par exemple, vous pouvez dire intérieurement : "Je choisis d'accepter ce que je ne peux pas contrôler dans cette situation."

3. Visualisez l'inconnu comme une vaste étendue :

- Imaginez que l'inconnu est comme un vaste ciel ou une grande étendue d'eau, calme et paisible. Visualisez cet espace comme quelque chose de neutre, ni bon ni mauvais, juste ouvert. Cela vous aide à accepter l'incertitude sans vous sentir menacé.

4. Accueillez le sentiment d'inconfort sans jugement :

- Remarquez si cette incertitude provoque en vous des émotions comme l'anxiété, la peur ou la frustration. Accueillez ces émotions sans les juger, comme si elles étaient de simples nuages qui passent dans le ciel. Dites-vous : "Je ressens de l'anxiété, et c'est normal."

5. Concentrez-vous sur votre respiration pour créer un ancrage :

- Utilisez votre respiration pour vous apaiser dans le moment présent. Inspirez profondément, en sentant l'air remplir vos poumons, puis expirez lentement. À chaque expiration, imaginez que vous relâchez une part de cette tension liée à l'inconnu.

6. Répétez une affirmation d'acceptation :

- Répétez une affirmation positive qui favorise l'acceptation de l'incertain, telle que : "Je choisis de faire confiance à la vie même si je ne connais pas la suite" ou "Je suis ouvert(e) aux possibilités de l'inconnu."

7. Orientez votre attention sur ce que vous pouvez faire maintenant :

- Identifiez une petite action, aussi simple soit-elle, qui vous aide à avancer dans l'immédiat. Cela peut être un acte de soin pour vous-même, un pas vers une solution, ou une tâche constructive. Agir sur ce qui est sous votre contrôle peut renforcer votre sentiment de confiance.

8. Visualisez-vous avançant avec confiance dans l'inconnu :

- Imaginez-vous marchant sereinement dans cet espace d'incertitude, en ressentant de la confiance et de l'ouverture face à ce qui pourrait venir. Sentez la liberté que cela peut apporter de ne pas savoir tout et de rester ouvert aux surprises de la vie.

52. Faire confiance à l'imprévu

Lorsque quelque chose ne se passe pas comme prévu, accepte-le et cherche une opportunité dans l'imprévu.

Exercice : "L'Ouverture à l'Imprévu"

Objectifs :

- Faire confiance à l'imprévu est un exercice qui aide à accueillir les surprises et les changements inattendus avec un esprit ouvert et serein. Cet exercice vous apprend à voir les imprévus comme des opportunités de croissance et de découverte. En pratiquant régulièrement, vous développerez une attitude plus flexible et confiante face aux changements inattendus, ce qui réduira le stress et enrichira votre vie.

1. Prenez conscience de votre réaction à l'imprévu :

- Pensez à une situation récente où un imprévu a surgi, que ce soit un changement de plan, une demande de dernière minute ou une situation inattendue. Observez comment vous vous êtes senti : frustration, stress, ou peut-être excitation ? Soyez honnête sur votre réaction sans jugement.

2. Visualisez l'imprévu comme un vent frais :

- Imaginez l'imprévu comme un vent frais qui traverse votre vie, apportant de nouvelles opportunités et de nouvelles directions. Ce vent symbolise les éléments imprévus qui entrent dans votre vie pour vous aider à évoluer. Accueillez ce vent sans résistance et laissez-le vous traverser.

3. Respirez profondément pour relâcher le besoin de contrôle :

- Prenez quelques respirations profondes en vous concentrant sur le fait de relâcher le contrôle. À chaque expiration, imaginez que vous laissez aller le besoin de tout maîtriser. Dites-vous : "Je laisse de la place à l'imprévu dans ma vie."

4. Répétez une affirmation de confiance en l'imprévu :

- Répétez une affirmation positive qui vous aide à renforcer votre confiance face à l'inattendu, comme : "Je fais confiance aux surprises de la vie" ou "Chaque imprévu est une opportunité de grandir." Laissez cette affirmation vous ancrer dans une mentalité ouverte.

5. Identifiez les opportunités cachées :

- Pensez à une situation imprévue qui s'est révélée bénéfique ou qui vous a apporté un enseignement. Envisagez que chaque imprévu pourrait vous offrir des opportunités que vous ne voyez pas immédiatement. Cela vous aidera à accueillir l'inattendu comme une possible source de bienfaits.

6. Imaginez un chemin qui se dévoile progressivement :

- Visualisez-vous marchant sur un chemin qui se révèle un peu plus à chaque pas. Acceptez l'idée que vous ne pouvez pas voir tout le chemin, mais faites confiance au fait que chaque pas vous guidera là où vous devez aller. Cela vous aide à accepter l'inconnu avec sérénité.

7. Sentez l'excitation de l'imprévu :

- Transformez votre perception de l'imprévu en une source d'excitation plutôt que de crainte. Imaginez que chaque imprévu est comme une surprise à déballer, un cadeau potentiel. Ressentez cette excitation comme un moyen de rester curieux et ouvert aux nouvelles expériences.

8. Terminez par une intention d'ouverture :

◻ Avant de terminer, répétez une intention d'ouverture, comme : "Je suis ouvert(e) aux imprévus et aux nouvelles possibilités" ou "Je fais confiance à la vie pour me guider." Cette intention vous aide à aborder les imprévus avec confiance.

53. Liste des "choses que je ne contrôle pas"

Écrivez une liste de toutes les choses que vous ne contrôlez pas dans une situation et acceptez de les laisser aller.

Objectifs :

◻ Cet exercice vous aide à prendre du recul et à réduire le stress en lâchant prise sur ce qui est hors de votre contrôle. En vous concentrant sur vos propres actions et attitudes, vous développez une plus grande résilience face aux aléas de la vie. Pratiqué régulièrement, cet exercice vous permet de retrouver une sérénité durable.

1. Installez-vous dans un endroit calme :

   ▫ Asseyez-vous dans un lieu tranquille, avec un carnet et un stylo. Prenez quelques respirations profondes pour vous recentrer et apaiser votre esprit.

2. Listez les choses que vous ne pouvez pas contrôler :

   ▫ Commencez par écrire les éléments spécifiques de votre vie ou de votre environnement que vous ne pouvez pas contrôler. Voici quelques exemples pour vous inspirer :

   - Les actions, réactions et opinions des autres.

   - Les événements passés.

   - Les circonstances imprévues (comme la météo, les embouteillages, les retards).

   - Les changements dans le monde (nouvelles économiques, politiques, crises).

   - Le passage du temps et les étapes de la vie.

3. Prenez conscience de l'impact émotionnel :

   ▫ Pour chaque élément de la liste, notez comment il vous affecte émotionnellement. Par exemple, cela pourrait être de l'anxiété, de la frustration, ou un sentiment d'impuissance. Observer ces réactions vous permet de mieux comprendre l'influence de ces éléments sur votre état émotionnel.

4. Visualisez chaque élément comme une feuille emportée par le vent :

▫ Une fois votre liste terminée, prenez un moment pour imaginer chaque élément comme une feuille que vous laissez tomber dans le vent. Visualisez ces feuilles s'éloigner, emportant avec elles le poids des choses que vous ne contrôlez pas. Ressentez un sentiment de libération à chaque feuille qui s'en va.

5. Établissez une intention de lâcher prise :

▫ Dites-vous intérieurement : "Je choisis de lâcher prise sur ce que je ne peux pas contrôler" ou "Je me concentre sur ce qui est en mon pouvoir." Cette intention vous aide à accepter plus facilement ces éléments sans lutter contre eux.

6. Identifiez ce que vous pouvez contrôler :

▫ Prenez une nouvelle page et listez les éléments sur lesquels vous avez un pouvoir, comme vos réactions, vos choix, votre manière de penser, vos actions quotidiennes et vos efforts pour atteindre vos objectifs. Cette liste vous rappelle où concentrer votre énergie.

7. Pratiquez une affirmation de paix intérieure :

▫ Terminez cet exercice en répétant une affirmation, telle que : "Je trouve la paix en lâchant ce que je ne peux pas contrôler" ou "Je me concentre sur ce que je peux changer en moi-même." Cette affirmation ancre votre lâcher-prise.

54. Lâcher prise sur les objectifs rigides

Soyez flexible dans vos objectifs. Acceptez que les chemins vers la réussite puissent changer.

Exercice : "Les Objectifs Souples"

Objectifs :

- Cet exercice vous aide à lâcher prise sur la rigidité de certains objectifs tout en restant aligné avec vos intentions profondes. Avec le temps, vous développerez une approche plus douce et adaptable envers vos buts, ce qui réduit le stress et vous permet de profiter davantage du chemin parcouru.

1. Identifiez un objectif rigide :

- Réfléchissez à un objectif personnel ou professionnel que vous poursuivez de manière stricte et inflexible. Il peut s'agir d'une attente spécifique de réussite, d'un nombre précis ou d'une échéance que vous vous imposez, comme "perdre X kilos en Y semaines" ou "obtenir une promotion d'ici la fin de l'année."

2. Évaluez l'impact émotionnel de cet objectif :

□ Notez comment cet objectif rigide affecte vos émotions. Ressentez-vous de la frustration, du stress ou de la pression à cause de cet objectif ? Écrire ces émotions vous aide à prendre conscience des effets négatifs de cette rigidité.

3. Transformez l'objectif en une intention plus souple :

□ Reformulez votre objectif sous la forme d'une intention plus flexible. Par exemple :

- Au lieu de "Perdre X kilos en Y semaines," essayez "Je m'engage à prendre soin de ma santé chaque jour.

- Au lieu de "Obtenir une promotion d'ici la fin de l'année," essayez "Je m'efforce de progresser et de donner le meilleur de moi-même dans mon travail.

□ Cette reformulation vous permet de rester aligné avec votre but tout en réduisant la pression.

4. Imaginez un chemin avec des détours :

□ Visualisez votre objectif comme un voyage, avec un chemin principal et plusieurs détours possibles. Acceptez que certains détours puissent offrir de nouvelles perspectives, des enseignements ou des opportunités imprévues. Voyez chaque détour comme une partie enrichissante du voyage.

5. Répétez une affirmation de flexibilité :

▫ Adoptez une affirmation qui renforce votre capacité à être flexible face à vos objectifs, telle que : "Je suis ouvert(e) aux changements et aux nouvelles possibilités" ou "Je fais confiance au processus, peu importe le chemin."

6. Identifiez les petites actions sur lesquelles vous pouvez agir :

▫ Plutôt que de vous focaliser sur le résultat final, concentrez-vous sur les petites étapes ou les actions quotidiennes qui vous rapprochent de votre intention. Par exemple, si votre objectif est lié à la santé, engagez-vous à bouger chaque jour ou à faire de meilleurs choix alimentaires, sans pression de résultat précis.

7. Acceptez que le chemin puisse évoluer :

▫ Rappelez-vous qu'il est normal de revoir un objectif ou d'ajuster un délai en fonction des circonstances. Soyez bienveillant envers vous-même et acceptez que certains aspects puissent prendre plus de temps ou nécessiter un changement de cap. Donnez-vous la permission de réévaluer et d'adapter vos attentes.

8. Faites un bilan régulier pour ajuster votre approche :

▫ Chaque semaine ou chaque mois, prenez quelques minutes pour évaluer vos progrès et votre ressenti. Demandez-vous si vous avez été trop rigide ou si vous avez réussi à intégrer de la souplesse. Cela vous aidera à renforcer cette pratique de lâcher-prise.

55. Exercice de confiance dans le processus

Visualisez-vous en train de relâcher votre contrôle sur une situation et de faire confiance au processus naturel.

Exercice : "Confiance dans le Chemin"

Objectifs :

- Cet exercice vous aide à lâcher prise sur l'obsession des résultats et à accepter que chaque étape du chemin ait de la valeur. En pratiquant régulièrement, vous renforcerez votre confiance dans le processus, ce qui vous apportera plus de sérénité et de clarté dans votre cheminement personnel et professionnel

1. Identifiez un objectif ou une situation incertaine :

- Réfléchissez à un projet, une situation ou un objectif pour lequel vous ressentez de l'incertitude ou un besoin de contrôle. Il peut s'agir d'un changement dans votre carrière, d'un projet personnel ou d'un objectif de développement personnel.

2. Prenez conscience de vos inquiétudes :

- Notez les peurs, les doutes ou les pensées négatives que vous ressentez concernant ce processus. Par exemple, "Et si ça ne marche pas ?" ou "Je ne suis pas sûr(e) de pouvoir y arriver." Écrire vos inquiétudes vous aide à reconnaître ces pensées sans qu'elles vous contrôlent.

3. Visualisez le processus comme une rivière :

- Imaginez votre cheminement comme une rivière qui s'écoule naturellement. Parfois, elle est calme et fluide, parfois elle rencontre des obstacles, mais elle continue toujours à avancer. Voyez-vous comme faisant partie de cette rivière, suivant le flux de la vie sans essayer de tout contrôler.

4. Répétez une affirmation de confiance :

- Dites-vous : "Je fais confiance au processus de la vie" ou "Chaque étape me mène là où je dois être." Ces affirmations vous ancrent dans la confiance et réduisent le besoin de contrôler chaque détail.

5. Concentrez-vous sur les actions du moment présent :

- Notez une ou deux actions concrètes que vous pouvez faire aujourd'hui pour avancer, même de manière minime, vers votre objectif. Cela peut être une simple recherche, un appel, ou une étape dans le projet. En vous concentrant sur le moment présent, vous relâchez la pression liée aux résultats futurs.

6. Acceptez les leçons de chaque étape :

▫ Pour chaque étape de votre progression, même les plus difficiles, demandez-vous : "Que puis-je apprendre de cette expérience ?" ou "Comment cela contribue-t-il à ma croissance ?" Cela vous aide à voir les défis comme des opportunités plutôt que des obstacles.

7. Imaginez-vous arrivé à destination :

▫ Visualisez-vous ayant atteint votre objectif. Ressentez la satisfaction et la gratitude pour chaque étape qui vous a permis d'en arriver là, y compris les moments difficiles. Imaginez la joie de réaliser que chaque expérience a contribué à votre succès final.

8. Répétez une intention de confiance en conclusion :

▫ Terminez cet exercice en répétant une intention de confiance, telle que : "Je suis ouvert(e) à l'évolution du processus" ou "Je fais confiance à chaque étape de mon cheminement." Cela vous aide à rester confiant, même face aux incertitudes.

56. Changer de perspective

Lorsque vous êtes frustré, changez de point de vue pour voir la situation sous un autre angle.

Exercice : "Les Lunettes de la Nouvelle Perspective"

Objectifs :

▫ Changer de perspective est une compétence précieuse qui permet de voir les situations sous un autre angle, réduisant ainsi le stress et favorisant la créativité. Cet exercice vous aidera à adopter différentes perspectives pour enrichir votre compréhension d'une situation difficile. En pratiquant régulièrement, vous apprendrez à changer de perspective plus facilement, ce qui vous aidera à aborder les défis avec plus de sérénité et de flexibilité.

1. Identifiez une situation actuelle difficile :

▫ Choisissez une situation personnelle ou professionnelle qui vous préoccupe ou vous frustre. Cela peut être un conflit, un projet complexe, ou un événement qui vous a contrarié. Soyez clair sur ce qui vous dérange dans cette situation.

2. Décrivez la situation de votre point de vue actuel :

▫ Notez brièvement comment vous percevez la situation en ce moment. Soyez honnête sur vos émotions et vos pensées : ressentiment, colère, frustration, etc. Cette description vous aidera à mieux comprendre votre perspective de départ.

3. Adoptez la perspective d'un observateur extérieur :

□ Imaginez que vous êtes une personne extérieure observant cette situation sans aucun attachement émotionnel. Que voyez-vous d'un point de vue neutre ? Quelles sont les parties objectives et les faits ? Notez les observations que vous faites, en vous concentrant uniquement sur les faits et en minimisant le jugement.

4. Voyez la situation du point de vue de l'autre personne (s'il y en a une) :

□ Si une autre personne est impliquée, imaginez-vous dans sa peau. Comment pourrait-elle voir la situation ? Quels sont ses besoins, ses préoccupations, ses émotions ? Essayez de comprendre ce qui pourrait motiver son comportement, même si vous n'êtes pas d'accord. Notez les éventuelles motivations de cette personne.

5. Imaginez la perspective d'une version future de vous-même :

□ Visualisez-vous dans le futur, dans six mois ou un an, après que cette situation s'est résolue. Avec le recul, comment percevez-vous cet événement ? Quelles leçons pourriez-vous en tirer ? Parfois, le fait de penser à long terme aide à minimiser le poids des difficultés actuelles.

6. Identifiez les opportunités cachées :

□ Avec toutes ces nouvelles perspectives en tête, cherchez des aspects positifs ou des opportunités d'apprentissage dans cette situation. Peut-elle vous aider à renforcer une compétence, à améliorer une relation, ou à en apprendre davantage sur vous-même ? Écrire cela vous aide à voir la situation comme un potentiel de croissance.

- Pour renforcer votre ouverture à de nouvelles perspectives, répétez une affirmation telle que : "Je suis ouvert(e) à voir les choses autrement" ou "Chaque situation offre des enseignements et des opportunités." Cela ancre votre volonté de changer de perspective.

8. Agissez avec cette nouvelle perspective :

- Avec cette nouvelle compréhension, réfléchissez à une petite action que vous pourriez entreprendre pour aborder la situation différemment. Cela peut être une réponse plus calme, une demande de clarification, ou même un changement d'attitude face au problème.

-

57. Accepter l'échec comme une leçon

Lâche prise sur la peur de l'échec en vous rappelant que chaque échec est une leçon.

Exercice : "L'Échec comme Opportunité d'Apprentissage"

Objectifs :

- Accepter l'échec comme une leçon est une compétence précieuse qui permet de transformer les erreurs en opportunités de croissance. Avec le temps, vous développerez une perspective plus positive face aux erreurs, ce qui renforcera votre confiance en vous et votre capacité à progresser.

1. Identifiez un échec récent :

- Choisissez un échec ou une erreur récente qui vous a marqué, que ce soit au travail, dans une relation, ou dans un projet personnel. Soyez clair et précis sur ce qui s'est passé et sur ce que vous considérez comme un échec.

2. Reconnaissez vos émotions :

- Prenez un moment pour observer comment cet échec vous fait vous sentir. Peut-être ressentez-vous de la frustration, de la honte, de la déception, ou de la colère. Notez ces émotions sans les juger, en acceptant que ces sentiments sont naturels.

3. Identifiez les points d'apprentissage :

- Demandez-vous : "Qu'est-ce que cette expérience peut m'enseigner ?" Essayez d'identifier au moins un ou deux éléments que cet échec vous a appris. Cela peut être une compétence à améliorer, une façon de mieux communiquer, ou un aspect de vous-même que vous souhaitez renforcer.

4. Listez ce que vous feriez différemment :

- Imaginez que vous êtes dans la même situation, mais avec le recul et l'expérience de cet échec. Que feriez-vous différemment ? Notez les actions, attitudes ou décisions que vous prendriez pour mieux gérer cette situation. Cela vous aide à tirer des leçons pratiques et à vous améliorer.

5. Transformez votre discours intérieur :

- Remplacez les pensées négatives associées à cet échec par des pensées constructives. Par exemple :

- Au lieu de "Je ne suis pas capable," essayez "J'apprends de cette expérience pour faire mieux la prochaine fois."

- Au lieu de "J'ai tout raté," essayez "J'ai appris ce qui ne fonctionne pas, ce qui me rapproche de ce qui fonctionne."

6. Répétez une affirmation positive d'acceptation :

- Adoptez une affirmation qui vous aide à accepter l'échec comme une étape normale du processus d'apprentissage, comme : "Chaque échec est une opportunité de grandir" ou "Je fais de chaque expérience un enseignement." Cette affirmation vous aide à intégrer l'idée que l'échec est une partie positive de votre développement.

7. Notez les progrès depuis cet échec :

- Si vous avez déjà mis en pratique certaines leçons tirées de cet échec, notez les progrès ou les améliorations que vous avez constaté. Si l'échec est récent, imaginez les progrès futurs que vous pourrez réaliser en intégrant ces leçons. Cela renforce votre motivation à grandir grâce à vos expériences.

8. Visualisez-vous utilisant cette leçon dans le futur :

- Imaginez-vous dans une situation future où vous appliquez les enseignements tirés de cet échec. Visualisez-vous en train d'agir avec confiance, en prenant des décisions éclairées. Cette visualisation vous aide à renforcer la valeur de l'apprentissage et à aborder les futurs défis avec plus de résilience.

58. Laisser quelqu'un d'autre décider

Lorsque vous prenez toujours les décisions, laissez quelqu'un d'autre décider pour une fois.

Exercice : "Le Choix de l'Autre"

Objectifs :

- Apprendre à laisser quelqu'un d'autre décider est un exercice qui vous aide à lâcher prise sur le besoin de contrôle et à renforcer la confiance dans les autres. Cet exercice vous permettra de développer la flexibilité, de favoriser des échanges équilibrés et de voir les bénéfices de la collaboration. Avec le temps, vous gagnerez en flexibilité, en ouverture, et en appréciation des perspectives différentes, ce qui enrichira vos relations et allégera votre charge mentale.

1. Identifiez une situation où vous pourriez lâcher prise :

- Choisissez une situation non critique dans laquelle vous avez l'habitude de prendre les décisions, comme le choix d'un restaurant, d'une activité de loisirs, ou même d'une tâche quotidienne en famille ou au travail. Assurez-vous que ce soit une décision où le risque est faible, pour faciliter la confiance.

2. Invitez l'autre personne à prendre la décision :

- Expliquez à la personne de votre choix que vous aimeriez qu'elle prenne la décision cette fois-ci. Par exemple, dites-lui : "Aujourd'hui, j'aimerais que tu choisisses l'endroit où nous allons manger" ou "Je te fais confiance pour choisir l'activité de ce week-end."

3. Exprimez votre ouverture et votre soutien :

- Montrez que vous êtes véritablement ouvert(e) et prêt(e) à accepter son choix, en disant quelque chose comme : "Je suis curieux(se) de découvrir ton choix" ou "Je suis sûr(e) que ta décision sera la bonne." Cela donne à l'autre personne le sentiment que son avis compte et qu'il est respecté.

4. Pratiquez la patience et l'écoute :

- Pendant que l'autre personne prend sa décision, retenez-vous de donner votre avis ou de poser trop de questions. Accordez-lui de l'espace pour réfléchir, même si elle hésite ou prend du temps. Cela renforce votre capacité à faire confiance et à rester patient(e).

5. Acceptez le choix sans critiquer :

- Quel que soit le choix de l'autre personne, engagez-vous à l'accepter sans émettre de jugement ou de critique. Si ce choix diffère de ce que vous auriez choisi, voyez-le comme une opportunité de découvrir quelque chose de nouveau. Cela vous aide à lâcher prise sur vos propres préférences et à explorer une autre perspective.

6. Observez vos réactions et vos émotions :

- Pendant ce processus, prenez conscience de vos réactions internes. Ressentez-vous de l'impatience, de l'inconfort, ou même de l'excitation ? Notez vos émotions pour mieux comprendre votre propre besoin de contrôle.

7. Exprimez votre appréciation pour l'autre :

- Après avoir expérimenté le choix de l'autre personne, prenez un moment pour la remercier et lui dire ce que vous avez apprécié dans son choix. Par exemple : "Merci de m'avoir fait découvrir cet endroit" ou "J'ai apprécié de laisser quelqu'un d'autre décider, cela m'a permis de me détendre." Cela renforce la confiance mutuelle.

8. Répétez régulièrement cet exercice :

▫ Essayez de répéter cet exercice dans des situations différentes et avec des personnes variées. Cela vous aidera à renforcer votre capacité à déléguer, à faire confiance aux autres, et à lâcher prise sur le contrôle

59. Vivre dans l'instant présent

Revenez à l'instant présent chaque fois que vous vous surprenez à vouloir contrôler l'avenir.

Exercice : "L'Ancrage dans l'Ici et Maintenant"

Objectifs :

▫ Vivre dans l'instant présent est un moyen puissant de réduire le stress et d'améliorer le bien-être. Cet exercice vous aidera à vous ancrer dans le moment présent, réduisant le stress lié aux pensées du passé ou aux inquiétudes pour l'avenir. En le pratiquant régulièrement, vous développerez une plus grande capacité à savourer l'instant et à être pleinement présent dans votre vie quotidienne.

1. Choisissez un moment de votre journée pour pratiquer :

- Sélectionnez un moment de la journée où vous pouvez être tranquille pendant quelques minutes. Cela peut être le matin au réveil, en prenant votre café, pendant une pause au travail, ou avant de vous coucher.

2. Concentrez-vous sur votre respiration :

- Asseyez-vous confortablement, fermez les yeux et prenez quelques respirations profondes. Concentrez-vous sur le rythme de votre respiration, en sentant l'air entrer et sortir de vos poumons. Laissez chaque expiration vous détendre un peu plus.

3. Observez vos sensations corporelles :

- Passez mentalement en revue chaque partie de votre corps, en commençant par les pieds et en remontant jusqu'à la tête. Remarquez les sensations que vous ressentez : chaleur, fraîcheur, tension ou relâchement. Observez simplement ces sensations sans essayer de les changer.

4. Écoutez les sons autour de vous :

- Portez votre attention sur les sons qui vous entourent, qu'ils soient proches ou lointains. Remarquez chaque son sans le juger ou essayer de l'identifier. Accueillez chaque bruit comme une simple partie de votre environnement actuel.

5. Appréciez les détails sensoriels de l'instant :

- Si vous êtes en train de boire, manger ou toucher un objet, concentrez-vous sur les détails sensoriels : la texture, le goût, l'odeur, ou la température. Par exemple, si vous buvez un café, sentez l'arôme, la chaleur de la tasse, et le goût à chaque gorgée. Immergez-vous dans cette expérience sensorielle.

6. Éloignez les pensées qui surgissent :

- Si des pensées viennent à l'esprit (ce qui est normal), laissez-les passer sans vous y attacher. Imaginez-les comme des nuages qui traversent le ciel. Revenez doucement à votre respiration ou à vos sensations corporelles dès que vous vous sentez distrait(e)

7. Répétez une affirmation d'ancrage dans le présent :

- Adoptez une affirmation qui vous aide à rester dans l'instant présent, comme : "Je suis ici et maintenant" ou "Je suis pleinement présent(e) dans cet instant." Répétez cette affirmation dans votre esprit pour renforcer votre connexion à l'instant.

8. Ouvrez vos yeux avec lenteur :

- Prenez quelques respirations profondes pour terminer. Ouvrez doucement les yeux et ramenez progressivement votre attention à votre environnement, en gardant en vous ce sentiment de calme et de présence.

60. Accepter le chaos

Lorsque les choses semblent chaotiques, rappelez-vous que le chaos fait partie de la vie et acceptez-le.

Exercice "Accepter le chaos"

Objectifs :

- L'exercice "Accepter le chaos" est une pratique puissante pour cultiver le lâcher-prise et renforcer notre capacité à accepter l'incontrôlable dans la vie.
- Cet exercice peut être particulièrement bénéfique lorsque des changements imprévus surviennent ou que les choses semblent hors de contrôle. En cultivant cette capacité à accepter le chaos, vous renforcez votre ancrage et votre sérénité, malgré l'inconnu

1. Créer un espace d'accueil intérieur

- Asseyez-vous confortablement dans un endroit calme.
- Fermez les yeux et prenez quelques respirations profondes pour vous ancrer dans l'instant.
- Prenez un moment pour observer vos pensées et émotions sans les juger, en les laissant simplement exister.

2 . Identifier le chaos intérieur et extérieur

- Identifiez un aspect de votre vie où vous ressentez du chaos ou de l'inconfort : cela peut être une situation, une relation, ou un sentiment personnel.
- Prenez conscience de vos résistances à ce chaos : les peurs, les jugements, ou les envies de contrôle. Observez-les avec bienveillance.

3 . Pratiquer l'acceptation

- Répétez doucement dans votre esprit des phrases d'acceptation, comme :
- "Je reconnais que cette situation est hors de mon contrôle."
- "J'accepte que l'incertitude fasse partie de la vie."
- "Je me permets de vivre cette expérience sans chercher à la
  changer."
- Laissez ces mots résonner en vous et observez les sensations qu'ils suscitent.

4. Visualiser le chaos comme un mouvement naturel

- Imaginez le chaos comme un courant d'eau ou un vent fort, quelque chose qui passe et se déplace sans jamais s'arrêter.
- Voyez-vous flotter ou danser avec ce courant, sans chercher à le contrer. Ressentez la légèreté de ce lâcher-prise et laissez-vous porter par cette image.

5. Clôturer l'exercice avec gratitude

- Prenez un moment pour remercier cet exercice et vous-même pour cette pratique d'acceptation.
- Répétez-vous mentalement : "Je choisis de faire confiance au processus de la vie, même quand le chemin est incertain."

6. Exercices pour lâcher-prise matériellement

61. Désencombrer un espace

Choisissez une pièce et enlevez tout ce qui n'est pas nécessaire.

Exercice : "L'Art du Désencombrement"

Objectif

- Cet exercice de désencombrement permet de créer un espace plus harmonieux, favorisant la clarté et le bien-être. En pratiquant régulièrement, vous cultiverez une relation plus consciente avec vos objets et un environnement qui soutient votre sérénité et votre concentration.62. Offrir des objets inutilisés : Donne à des œuvres de charité des objets que tu n'utilises plus.

1. Choisissez un petit espace à désencombrer :

- Sélectionnez un espace qui n'est pas trop vaste pour commencer, comme un tiroir, une étagère, un bureau, ou une partie de votre placard. Cela rend l'exercice plus accessible et plus gratifiant.

2. Fixez une intention de désencombrement :

- Prenez un moment pour réfléchir à votre intention. Pourquoi souhaitez-vous désencombrer cet espace ? Cela pourrait être pour créer un environnement plus calme, pour vous sentir plus léger, ou pour mieux organiser vos affaires. Répétez cette intention dans votre esprit pour vous motiver.

3. Retirez tous les objets de l'espace choisi :

- Videz entièrement l'espace en question. Placez tous les objets sur une surface (comme une table ou le sol) où vous pourrez les examiner. Cela vous permettra de voir tout ce qui se trouve dans l'espace et de décider plus facilement de chaque objet.

4. Triez les objets en trois catégories :

- Prenez chaque objet et décidez s'il entre dans l'une des trois catégories :
  - À conserver : Les objets que vous utilisez régulièrement ou qui ont une vraie valeur pour vous.

- À donner/vendre : Les objets en bon état dont vous n'avez plus besoin, mais qui pourraient être utiles à quelqu'un d'autre.
- À jeter/recycler : Les objets qui sont endommagés ou inutilisables.

5. Posez-vous des questions pour faciliter les décisions :

- Si vous hésitez, posez-vous quelques questions pour évaluer l'utilité de chaque objet, comme :

- "Est-ce que j'ai utilisé cet objet dans les derniers mois ?"

- "Est-ce que cet objet a une valeur sentimentale réelle

- Est- ce simplement de la nostalgie ?"
- "Est-ce que cet objet contribue à mon bien-être ou à mon espace de vie ?"

6. Rangez avec soin les objets que vous gardez :

- Pour les objets que vous avez décidé de conserver, rangez-les de manière organisée et accessible. Essayez de trouver une place dédiée pour chaque objet, en évitant de surcharger l'espace. Profitez-en pour nettoyer ou dépoussiérer si nécessaire.

7. Décidez du sort des objets à donner ou jeter :

- Pour les objets à donner ou vendre, mettez-les de côté dans un sac ou une boîte spécifique. Préparez un plan pour les donner à un ami, une association, ou pour les vendre en ligne. Pour les objets à jeter ou recycler, triez-les selon les options de recyclage locales.

8. Appréciez le nouvel espace dégagé :

▫ Prenez un moment pour apprécier le résultat de votre désencombrement. Observez l'espace plus dégagé, plus propre, et ressentez le sentiment de légèreté qu'il vous apporte.

9. Répétez l'exercice régulièrement :

▫ Planifiez de refaire cet exercice sur d'autres petits espaces régulièrement, même si ce n'est qu'une fois par mois. Cela vous aidera à maintenir un environnement ordonné et apaisant.

62. Pratiquez la gratitude pour ce que vous possédez

La richesse ne réside pas dans la quantité de possessions mais dans l'usage et le bonheur qu'elles apportent au quotidien

Exercice de gratitude

Objectifs :

▫ Cet exercice vise à transformer votre perception de ce que vous possédez en instaurant une relation plus consciente et positive avec vos biens matériels. En apprenant à apprécier ce que vous avez, vous réduisez le besoin de toujours rechercher de nouveaux objets pour combler un vide. C'est un exercice de pleine conscience qui nourrit la satisfaction et aide à diminuer l'envie d'accumuler.

1. Trouvez un moment propice

▫ Choisissez un moment dans la journée où vous pouvez vous asseoir tranquillement, de préférence le soir, pour réfléchir à vos possessions. C'est l'occasion de revenir sur votre journée et de pratiquer une forme de gratitude matérielle.

2. Notez trois objets qui vous sont chers

▫ Prenez un carnet ou un journal et écrivez trois objets de votre quotidien pour lesquels vous ressentez de la gratitude. Il peut s'agir de choses simples, comme votre tasse de café préférée, un vêtement confortable, ou même un livre qui vous inspire.

3. Décrivez pourquoi chaque objet est important

▫ Pour chacun des objets, notez en quelques mots pourquoi il est spécial pour vous. Par exemple :
- "Ma tasse de café préférée, car elle me rappelle mes moments de calme du matin."

- "Ce pull en laine, car il me garde au chaud et a été offert par une personne chère."
- "Ce livre inspirant, qui me rappelle les leçons de vie et m'aide à évoluer."

4. Ressentez la satisfaction de ce que vous avez

▫ Après avoir noté chaque objet et la raison pour laquelle vous lui êtes reconnaissant, prenez un moment pour ressentir cette gratitude profondément. Imaginez la satisfaction d'avoir déjà tout ce dont vous avez besoin pour vous sentir bien et complet.

5. Répétez l'exercice chaque jour

▫ Intégrer cet exercice de gratitude dans votre routine quotidienne ou hebdomadaire permet de développer une habitude d'appréciation pour les choses simples. Avec le temps, vous remarquerez que vos besoins en biens matériels diminuent, car vous devenez plus conscient de la valeur de ce que vous possédez déjà.

63. Lâcher prise sur les possessions

Choisissez un objet auquel vous êtes attaché(e) mais qui ne vous apporte plus de joie, et laissez-le partir.

Exercice : "L'Allègement Matériel"

Objectifs :

- Lâcher prise sur les possessions permet de réduire le sentiment d'attachement matériel et de libérer de l'espace physique et mental. Cet exercice vous aidera à réévaluer la valeur de vos biens et à vous libérer des objets qui n'ont plus de véritable importance dans votre vie.

1. Réfléchissez à vos motivations :

- Prenez un moment pour penser aux raisons qui vous poussent à lâcher prise sur certaines possessions. Cela pourrait être pour simplifier votre vie, pour créer un environnement plus paisible, ou pour réduire la dépendance aux biens matériels. Gardez cette motivation en tête tout au long de l'exercice.

2. Identifiez une catégorie d'objets ou une pièce :

- Choisissez une catégorie d'objets à laquelle vous souhaitez vous attaquer, comme les vêtements, les livres, la décoration, ou les gadgets électroniques. Alternativement, sélectionnez une pièce spécifique, comme votre chambre, la cuisine ou le salon.

3. Observez vos possessions avec une perspective détachée :

- Regardez chaque objet de manière objective, comme si vous les voyiez pour la première fois. Essayez de ne pas vous attacher aux souvenirs ou aux émotions liés aux objets et concentrez-vous sur leur utilité et leur valeur actuelle dans votre vie.

4. Posez-vous des questions pour évaluer chaque objet :

- ▫ Prenez chaque objet et demandez-vous :

  - "Est-ce que j'utilise cet objet régulièrement ?"

  - "Est-ce qu'il a une signification importante pour moi ?"

  - "Est-ce qu'il contribue à mon bien-être ou à mon confort quotidien ?"
  - "Est-ce que je pourrais m'en passer sans que cela affecte mon quotidien ?"
- ▫ Si la réponse est "non" à la plupart de ces questions, envisagez de vous en séparer.

5. Classez les objets en trois piles :

- ▫ À garder : Les objets que vous utilisez et qui vous apportent de la joie ou de la valeur.
- ▫ À donner/vendre : Les objets en bon état dont vous n'avez plus besoin, mais qui pourraient être utiles à quelqu'un d'autre.
- ▫ À recycler/jeter : Les objets cassés, usés, ou inutilisables.

6. Faites un geste symbolique de libération :

- ▫ Pour chaque objet que vous décidez de donner ou de jeter, prenez un instant pour remercier mentalement cet objet pour le rôle qu'il a pu jouer dans votre vie. Ensuite, imaginez-le partir, emportant avec lui le poids émotionnel ou matériel qu'il pouvait représenter.

7. Prenez un engagement d'allégement :

- Engagez-vous à ne pas remplacer ces objets par de nouvelles possessions inutiles. Avant d'acheter quelque chose de nouveau, demandez-vous si cet objet va réellement enrichir votre vie ou s'il risque simplement de combler un vide temporaire.

8. Appréciez le sentiment de liberté :

- Prenez un moment pour apprécier l'espace que vous avez libéré autour de vous et ressentez la légèreté et la clarté intérieure que cela vous apporte. Le lâcher-prise sur les possessions peut être libérateur et contribuer à une sensation de paix intérieure.

9. Répétez cet exercice régulièrement :

- Répétez ce processus de manière régulière, même une fois par saison, pour maintenir un environnement harmonieux et éviter l'accumulation de possessions non essentielles.

64. Réduire le nombre de vêtements

Réduire votre garde-robe à l'essentiel pour vous alléger mentalement.

Exercice : "L'Essentiel de la Garde-Robe"

Objectif

- Cet exercice vous aide à réduire le nombre de vêtements, à simplifier vos choix quotidiens, et à créer une garde-robe plus durable et harmonieuse. Avec le temps, vous constaterez que vous avez plus d'espace, moins de stress, et une meilleure appréciation de chaque pièce que vous possédez.

1.Préparez-vous mentalement :

- Avant de commencer, réfléchissez à vos motivations pour réduire le nombre de vêtements. Peut-être voulez-vous simplifier vos choix quotidiens, gagner de l'espace, ou adopter une garde-robe plus minimaliste et durable. Cette intention vous aidera à faire des choix plus clairs.

2. Choisissez une catégorie de vêtements :

- Plutôt que de trier toute votre garde-robe en une seule fois, choisissez une catégorie spécifique, comme les hauts, les pantalons, les chaussures, ou les vêtements de sport. Travailler par catégories rend l'exercice plus gérable.

3. Rassemblez tous les vêtements de cette catégorie :

- Rassemblez tous les vêtements de la catégorie choisie et posez-les devant vous. Cela vous permet de voir l'ensemble de ce que vous possédez dans cette catégorie et de mieux évaluer vos besoins.
- Évaluez chaque vêtement individuellement : Prenez chaque vêtement et demandez-vous :

- "Est-ce que je l'ai porté au cours des six derniers mois ?"

- "Est-ce que ce vêtement me va bien et est confortable ?"

- "Est-ce qu'il correspond à mon style actuel et à mes besoins ?"

- "Est-ce que je me sens bien quand je le porte ?"

- Si la réponse est "non" à la plupart de ces questions, envisagez de vous en séparer.
- Classez les vêtements en trois piles :
  - À garder : Les vêtements que vous aimez porter, qui vous vont bien, et qui sont en bon état.
  - À donner/vendre : Les vêtements en bon état que vous ne portez plus mais qui pourraient être utiles à quelqu'un d'autre.
  - À recycler/jeter : Les vêtements usés, abîmés ou qui ne peuvent pas être donnés.

4. Créez une garde-robe capsule :

- Sélectionnez une vingtaine de pièces de base (ou moins, selon votre confort), que vous pouvez facilement associer entre elles pour créer des tenues polyvalentes.

Une garde-robe capsule comprend des vêtements essentiels et intemporels, qui se combinent pour différentes occasions.

5. Laissez un délai pour les hésitations :

- Si vous hésitez sur certains vêtements, placez-les dans une boîte ou un sac, et gardez-les à l'écart pendant un mois. Si vous n'avez pas ressenti le besoin de les porter au cours de ce mois, cela signifie probablement que vous pouvez vous en séparer sans regret.

6. Prenez soin des vêtements que vous gardez :

- En réduisant le nombre de vêtements, vous pouvez accorder plus de soin à ceux que vous gardez. Rangez-les de manière ordonnée, pliez-les ou suspendez-les pour éviter les plis et les usures. Cette attention renforce votre engagement envers une garde-robe plus durable et plus simple.

7. Appréciez la simplicité de votre nouvelle garde-robe :

- Prenez un moment pour apprécier l'espace dégagé dans votre placard et la facilité de choix que vous avez maintenant. Remarquez combien il est agréable d'avoir une sélection de vêtements que vous aimez vraiment et que vous portez régulièrement.

8. Évitez d'accumuler à nouveau :

- Avant d'acheter de nouveaux vêtements, demandez-vous si vous en avez vraiment besoin, si vous avez déjà une pièce similaire, et si cet achat apporte une vraie valeur à votre garde-robe. Cette vigilance vous aidera à garder votre garde-robe simple et organisée.

65. Acheter moins

Prenez la résolution d'acheter moins de choses pour vous libérer du matérialisme.

Exercice : "L'Achat Réfléchi"

Objectif :

- Cet exercice vous aide à adopter une approche plus consciente et réfléchie de vos achats, en vous recentrant sur ce qui compte vraiment. Avec le temps, vous apprécierez la simplicité, vous réduirez le stress lié à l'accumulation de biens et vous économiserez. En apprenant à acheter moins, vous renforcez aussi votre capacité à apprécier pleinement ce que vous possédez déjà.

1. Évaluez votre motivation d'achat :

- Avant d'acheter quelque chose, demandez-vous pourquoi vous souhaitez faire cet achat. Est-ce pour répondre à un besoin réel, ou s'agit-il d'une envie passagère, d'une influence extérieure (publicité, réseaux sociaux) ou d'une tentative de compenser une émotion (ennui, stress, joie) ?

2.Fixez un délai d'attente :

- Mettez en place une règle personnelle d'attente avant d'acheter. Par exemple, pour les petits achats, attendez au moins 24 heures, et pour les achats plus importants, fixez une période de réflexion d'une semaine. Ce délai vous aide à évaluer si l'envie d'achat persiste ou si elle s'estompe naturellement.

3.Posez-vous des questions-clés sur chaque achat :

- Avant de finaliser un achat, posez-vous ces questions :
  - "En ai-je vraiment besoin, ou est-ce simplement une envie ?"

  - "Est-ce que j'ai déjà quelque chose de similaire ?"

  - "Ce produit va-t-il vraiment améliorer ma vie ou mon quotidien ?"

  - "Est-ce que j'y penserai encore dans quelques semaines ?"

- Si la réponse est négative, envisagez de renoncer à cet achat.

4.Visualisez l'impact de cet achat :

- Imaginez cet objet dans votre espace de vie et son effet à long terme. Serez-vous toujours content(e) de cet achat dans quelques mois ? Est-ce qu'il contribue à une surcharge d'objets ? Cela peut vous aider à vous projeter et à éviter des achats impulsifs qui encombrent inutilement.

5.Adoptez une règle de remplacement :

- Pour chaque nouvel achat, décidez de vous séparer d'un objet similaire que vous possédez déjà. Cette règle de remplacement vous aidera à éviter l'accumulation et à rester plus attentif aux vrais besoins.

6.Préparez une liste de souhaits différée :

- Plutôt que d'acheter immédiatement, créez une liste de souhaits où vous notez les objets que vous aimeriez acquérir. Revenez à cette liste au bout de quelques semaines pour voir si vous avez toujours envie ou besoin de ces objets. Souvent, l'envie disparaît avec le temps.

7.Évaluez vos dépenses passées pour mieux comprendre vos habitudes :

- Prenez le temps de revoir vos achats des derniers mois. Notez ceux qui vous ont apporté une réelle satisfaction ou utilité, et ceux que vous regrettez ou utilisez peu. Cette analyse peut révéler des schémas d'achat inutiles et vous aider à ajuster vos habitudes.

8.Pratiquez la gratitude pour ce que vous avez déjà :

- Prenez quelques minutes chaque jour pour exprimer de la gratitude pour les objets que vous possédez déjà. Appréciez leur utilité et leur valeur, en vous rappelant que la possession d'objets supplémentaires ne garantit pas plus de bonheur ou de satisfaction.

9.Fixez-vous des objectifs de réduction des achats :

- Définissez un objectif pour limiter vos achats, comme réduire de moitié le nombre de vêtements achetés ou n'acheter qu'un seul objet de décoration par mois. Cela vous donne une ligne directrice pour freiner la consommation tout en vous laissant la liberté de faire quelques achats bien réfléchis.

10.Célébrez les moments où vous renoncez à un achat :

- Prenez le temps de vous féliciter chaque fois que vous renoncez à un achat inutile. Ressentez la satisfaction de ne pas céder à une impulsion et la liberté qui vient avec un espace de vie plus léger.

66. Détox numérique

Passez une journée sans tes appareils électroniques pour vous déconnecter du besoin constant de consommation d'informations.

Exercice : "La Pause Digitale"

Objectif :

- Cet exercice de digital détox vous aide à vous déconnecter des écrans pour vous reconnecter à vous-même, aux autres, et à la vie réelle. En pratiquant régulièrement, vous renforcerez votre bien-être, réduirez le stress, et apprécierez plus pleinement chaque instant de votre quotidien.

1. Fixez une intention pour votre détox numérique :

- Avant de commencer, prenez un moment pour réfléchir aux raisons qui vous motivent à faire une digital détox. Peut-être souhaitez-vous réduire le stress, passer plus de temps de qualité avec vos proches, ou retrouver du temps pour vos hobbies. Cette intention vous aidera à rester motivé(e) pendant l'exercice.

2. Choisissez une période pour déconnecter :

- Déterminez une durée réaliste pour votre digital détox. Cela peut être une heure par jour, une soirée par semaine, ou même tout un week-end. Si vous débutez, commencez par de courtes périodes et augmentez progressivement.

3. Établissez des règles claires :

◻   Décidez des règles de votre digital détox, en définissant les appareils et les applications que vous allez éviter. Par exemple :

- Pas de réseaux sociaux ni de navigation internet.

- Limitation des courriels et des messages uniquement aux urgences.

- Pas de télévision ou de jeux vidéo.

4. Désactivez les notifications :

◻   Avant de commencer, désactivez les notifications de votre téléphone et de votre ordinateur pour éviter les distractions. Vous pouvez également activer le mode "Ne pas déranger" pour ne pas être tenté(e) de consulter votre écran.

5. Planifiez des activités sans écrans :

◻   Remplissez ce temps sans écrans avec des activités agréables et enrichissantes, comme :

- Lire un livre ou écrire dans un journal.

- Sortir faire une promenade dans la nature.

- Passer du temps de qualité avec vos proches.

- Pratiquer la méditation, le yoga, ou une activité créative.

□ Avoir des activités planifiées vous aidera à moins ressentir le besoin de consulter vos appareils.

6. Créez une routine matinale et nocturne sans écran :

□ Essayez de débuter et de terminer votre journée sans regarder un écran. Le matin, prenez quelques minutes pour vous réveiller calmement, prendre un petit-déjeuner ou méditer. Le soir, éloignez-vous des écrans au moins une heure avant de dormir pour mieux préparer votre esprit au repos.

7. Surveillez vos réactions :

□ Pendant la digital détox, observez vos ressentis. Vous pouvez vous sentir agité(e), anxieux(se), ou même un peu perdu(e) au début, ce qui est normal. Prenez conscience de ces émotions sans vous juger, et revenez à vos activités sans écran.

8. Répétez une affirmation de déconnexion :

□ Si vous vous sentez tenté(e) de vérifier vos appareils, répétez une affirmation comme : "Je suis présent(e) et connecté(e) à l'instant présent" ou "Je choisis de profiter de la vie réelle." Ces phrases renforcent votre intention de rester déconnecté(e).

9. Faites un bilan de votre expérience :

□ À la fin de votre digital détox, prenez quelques minutes pour noter les effets de cette déconnexion. Vous sentez-vous plus calme, plus concentré(e) ou plus libre ? Quels changements souhaitez-vous intégrer à long terme dans votre rapport aux écrans ?

10. Incorporez la détox numérique régulièrement :

▫ Faites de la détox numérique une habitude régulière en réservant chaque semaine, ou même chaque jour, des moments sans écran. Cela vous aidera à maintenir un équilibre entre la technologie et le temps passé en dehors des écrans.

67. Créer un espace de vide

Exercice : "L'Espace de Vide"

Objectif :

▫ Cet exercice de création d'un espace de vide vous aide à vous habituer à la simplicité et à la paix qui viennent avec moins d'encombrement. En pratiquant régulièrement, vous pourrez apprécier le vide comme un espace de renouveau et de sérénité, tout en cultivant un état d'esprit plus calme et plus clair.

1. Choisissez un petit espace pour commencer :

▫ Sélectionnez un endroit où vous passez du temps ou qui est visible au quotidien, comme une table, un coin de bureau, une étagère, ou même une petite zone sur le sol. Commencez par un espace réduit pour faciliter l'exercice.

2. Retirez tous les objets de cet espace :

- Videz complètement l'espace que vous avez choisi. Retirez tous les objets, papiers, et décorations. Posez-les temporairement ailleurs. Ce processus de nettoyage physique est le premier pas pour créer un vide.

3. Nettoyez l'espace :

- Profitez de cet instant pour nettoyer la surface de cet espace : dépoussiérez, essuyez ou passez un chiffon. L'action de nettoyer aide à se détendre et apporte une sensation de fraîcheur à l'espace que vous allez garder vide.

4. Observez l'espace vide :

- Prenez quelques minutes pour regarder cet espace vide. Observez la simplicité de cet espace sans objets ni distractions. Prenez conscience de la tranquillité qui s'en dégage et de l'absence de surcharge visuelle.

5. Ressentez la sérénité que cela procure :

- Asseyez-vous face à cet espace vide et prenez quelques respirations profondes. Sentez la paix et la clarté qui émanent de ce vide. Cet espace sans encombrement peut devenir une source d'apaisement et de concentration chaque fois que vous y posez le regard.

6. Faites une réflexion sur vos habitudes de remplissage :

- Réfléchissez à la tendance à remplir l'espace dès qu'il est libre. Demandez-vous pourquoi cette envie surgit parfois. Est-ce pour combler un vide émotionnel ou un besoin de sécurité ? Cette introspection vous aidera à comprendre vos habitudes de consommation et de stockage.

7. Engagez-vous à garder cet espace vide :

- Prenez la décision de maintenir cet espace sans aucun objet pour une certaine période (une semaine, un mois, ou plus). Respectez cet engagement comme un rappel quotidien de la valeur du vide dans votre vie.

8. Utilisez cet espace pour vous recentrer :

- Chaque fois que vous ressentez du stress ou de la distraction, retournez-vous vers cet espace vide. Laissez ce vide devenir un ancrage visuel qui vous rappelle de revenir à la simplicité et à la clarté. Respirez profondément en le regardant pour vous recentrer.

9. Réfléchissez à intégrer davantage de vide dans votre vie :

- Après avoir maintenu cet espace vide pendant un certain temps, réfléchissez à d'autres zones ou aspects de votre vie où le vide pourrait apporter des bienfaits.

Cela peut être un tiroir, un jour sans rendez-vous ou des moments de silence sans musique ni distractions.

68. Ne gardez que les objets qui apportent de la joie

Exercice "Ne garder que des objets qui vous apportent de la joie"

Objectifs :

▫ Cet exercice est non seulement un acte de désencombrement physique, mais aussi une pratique spirituelle de connexion avec ce qui vous nourrit réellement. Il permet de transformer votre espace en un reflet de votre état intérieur et de favoriser le lâcher-prise en apprenant à vous détacher du matériel pour vous concentrer sur l'essentiel

▫ Répétez cet exercice pour d'autres catégories d'objets ou d'autres pièces de votre maison. À chaque étape, observez le sentiment de bien-être et d'allégement qui grandit en vous.

1. Préparer l'espace et l'état d'esprit :

▫ Choisissez une pièce ou une catégorie d'objets (vêtements, livres, souvenirs, etc.) avec laquelle vous souhaitez commencer.

□ Asseyez-vous un moment pour vous centrer. Respirez profondément et fixez votre intention : "Je choisis de créer un espace empli de joie et de bien-être."

2. Rassembler tous les objets de cette catégorie

□ Rassemblez tous les objets de la catégorie choisie en un seul endroit. Par exemple, si vous commencez avec vos vêtements, sortez tous vos vêtements et déposez-les sur votre lit ou sur le sol.

□ En les voyant tous ensemble, vous aurez une perspective plus claire de la quantité d'objets que vous possédez et de ceux qui occupent une place dans votre vie.

3. Faire le tri avec la question-clé

□ Prenez chaque objet dans vos mains, un à un, et posez-vous cette question simple : "Cet objet m'apporte-t-il de la joie ?"

□ Si la réponse est oui, garde-le avec gratitude. Si la réponse est non, remerciez cet objet pour son rôle dans votre vie, puis mettez-le de côté pour le donner, le recycler ou le jeter.

4. Cultiver la gratitude et le lâcher-prise

□ Chaque fois que vous laissez partir un objet, prenez un moment pour ressentir de la gratitude envers lui, même

s'il ne vous sert plus. Il a joué un rôle dans votre vie et fait partie de votre histoire.
- Ressentez la légèreté du lâcher-prise en laissant partir ces objets qui n'apportent plus de bonheur. Reconnaissez que vous vous libérez pour faire de la place à de nouvelles expériences et énergies.

5. Organiser ce qui reste

- Pour les objets que vous avez choisis de garder, trouvez-leur une place où ils sont visibles et accessibles. Créez un espace ordonné et agréable qui reflète l'énergie de la joie que ces objets vous apportent.
- Sentez la satisfaction de voir que chaque objet a sa place et contribue à votre bonheur quotidien.

6. Répéter et élargir l'exercice

- Répétez cet exercice pour d'autres catégories d'objets ou d'autres pièces de votre maison. À chaque étape, observez le sentiment de bien-être et d'allégement qui grandit en vous.

69. Réduire la paperasse

Exercice "Réduire la paperasse"

Objectifs :

▫ Cet exercice vise à alléger votre environnement en réduisant la quantité de documents et papiers accumulés, tout en améliorant votre organisation. Cet exercice vous aide à garder uniquement l'essentiel, à mieux gérer les informations importantes et à réduire le stress lié aux papiers qui s'accumulent.

1. Réunir tous les papiers au même endroit

▫ Rassemblez tous les papiers, documents et courriers qui traînent dans la maison ou le bureau. Placez-les sur une grande table ou un espace de travail où vous pouvez les trier facilement.

▫ Voir tous les papiers réunis vous donne une vue d'ensemble de la quantité et vous prépare mentalement à faire un tri sérieux.

2. Catégoriser les papiers

▫ Séparez les papiers en catégories. Par exemple :
- Papiers importants (contrats, documents légaux, papiers d'identité, assurances)
- Factures et documents financiers
- Documents liés au travail ou aux projets en cours
- Courriers personnels et souvenirs
- Papiers à trier ou à jeter

Cette première organisation vous permettra de voir plus clairement les papiers essentiels par rapport à ceux qui sont superflus.

3. Trier en fonction de l'utilité

- Passez en revue chaque catégorie et posez-vous ces questions :
  - Est-ce un document que je dois absolument conserver ?
  - Ai-je une version numérique qui pourrait remplacer ce document papier ?
  - Est-ce un papier dont j'ai encore besoin ou est-il périmé ?
- Pour chaque papier non essentiel, envisagez de le jeter, le recycler ou le numériser si besoin.

4. Numériser les documents importants

- Pour les documents dont vous avez encore besoin mais que vous ne souhaitez pas conserver physiquement, pensez à les numériser.
- Utilisez un scanner ou une application de numérisation sur votre téléphone pour créer des copies numériques. Stockez-les dans des dossiers organisés sur votre ordinateur ou dans un service de stockage cloud sécurisé.
- Détruisez les copies papier après numérisation, sauf si ce sont des documents légaux que vous devez conserver physiquement.

5. Créer un système de classement simple et efficace

- Pour les papiers que vous devez absolument garder en version papier, créez un système de classement qui soit pratique et accessible. Utilisez des chemises et dossiers clairement étiquetés pour chaque catégorie principale.

- Classez-les dans un endroit dédié, comme un classeur ou une boîte de rangement, de manière que vous puissiez les retrouver facilement en cas de besoin.

6. Mettre en place une routine de gestion de la paperasse

- Prenez l'habitude de traiter les papiers dès qu'ils arrivent, en les triant et en les classant rapidement. Réservez un moment hebdomadaire ou mensuel pour revoir les documents, trier ceux qui ne sont plus nécessaires et actualiser votre organisation.
- En faisant de ce processus une routine, vous éviterez l'accumulation et vous garderez un espace dégagé.

7. S'ouvrir à une approche minimaliste

- Adoptez une attitude de simplicité vis-à-vis des papiers. Rappelez-vous que moins vous en avez, plus il est facile de gérer ce qui reste.
- Conservez uniquement ce qui a de la valeur pour vous, ce qui est indispensable, et laissez partir tout le reste sans attachement.

70. Diminuer les souvenirs matériels

Exercice "Diminuer les souvenirs matériels

Objectifs :

- Cet exercice vise à alléger votre espace en vous permettant de garder l'essentiel de vos souvenirs tout en apprenant à vous détacher des objets. En réduisant la quantité de souvenirs matériels, vous faites de la place pour des souvenirs plus profonds et personnels, libérés de l'attachement aux objets physiques.

1. Rassembler tous les objets-souvenirs

- Réunissez tous vos souvenirs matériels en un seul endroit. Cela peut inclure des photos, des cadeaux, des objets de voyage, des vêtements ou autres éléments auxquels vous êtes attaché émotionnellement.
- En les voyant tous ensemble, prenez un moment pour reconnaître leur importance passée et pour vous préparer à un tri conscient.

2. Identifier la valeur émotionnelle

- Prenez chaque objet en main et posez-vous les questions suivantes :
  - Quel souvenir ou quelle émotion cet objet évoque-t-il en moi ?
  - Est-ce que cet objet est indispensable pour me rappeler cette mémoire ?
  - Est-ce que cet objet m'apporte encore de la joie ou du réconfort aujourd'hui ?
- Si un objet n'évoque plus de souvenir positif ou si l'attachement est faible, envisagez de le laisser partir.

3. Conserver de manière symbolique

- Pour les souvenirs auxquels vous tenez mais que vous ne souhaitez pas garder physiquement, prenez une photo. Cette photo pourra vous rappeler l'objet sans encombrer votre espace.
- Écrivez également une petite note ou un journal pour garder la mémoire liée à cet objet. Le fait de consigner ce souvenir par écrit peut suffire pour ancrer cette mémoire sans avoir besoin de l'objet lui-même.

4. Sélectionner les souvenirs essentiels

- Choisissez de ne conserver que les souvenirs qui vous apportent une réelle valeur émotionnelle ou qui ont un sens profond dans votre vie.
- Vous pouvez décider de garder un nombre limité d'objets, comme une petite boîte ou une étagère spéciale pour ces souvenirs essentiels. Cela vous permet de les apprécier pleinement, sans qu'ils soient noyés dans un grand nombre d'objets.

5. Honorer et libérer les objets

- Pour les objets dont vous choisissez de vous séparer, prenez un moment pour les remercier d'avoir fait partie de votre histoire. Ce rituel de gratitude vous aide à relâcher l'attachement de manière positive.
- Donnez, recyclez ou jetez les objets en fonction de leur état, en gardant à l'esprit que vous préservez leur souvenir dans votre cœur, même sans leur présence matérielle.

6. Cultiver un esprit de lâcher-prise

- Rappelez-vous que les souvenirs véritables vivent en vous, dans vos émotions et votre mémoire, et non dans les objets. En diminuant vos souvenirs matériels, vous faites de la place pour des expériences et des relations vivantes qui enrichissent votre vie.

7. Intégrer une approche minimaliste pour le futur

- Prenez l'habitude de vous demander si chaque nouvel objet-souvenir est vraiment nécessaire. Limitez les souvenirs matériels que vous amassez en privilégiant les moments et les photos aux objets.
- Avec le temps, vous apprécierez la légèreté de garder uniquement ce qui compte vraiment et de vivre pleinement les souvenirs sans les attacher aux objets physiques.

Conclusion

Le lâcher-prise

C'est un saut dans le vide avec confiance.
C'est lâcher les bagages du passé
Et les soucis pour l'avenir.
C'est accepter l'incertitude
Et se laisser porter par la vie.
C'est s'ouvrir aux plaisirs simples et à la joie de
l'instant présent.
C'est l'art de la vie : peindre en dehors des lignes

Mentions Légales

Édition : BoD · Books on Demand GmbH,
In de Tarpen 42, 22848 Norderstedt (Allemagne)
Impression : Libri Plureos GmbH, Friedensallee 273,
22763 Hamburg (Allemagne)
ISBN : 978-2-3224-9805-5
Dépôt légal : Décembre 2024